NEUE SCHRIFTEN DES DEUTSCHEN STÄDTETAGES

———————————————— Heft 54 ————————————————

DR. BRUNO WEINBERGER

Auf schmalem Pfad

**Texte zur Politik des
Deutschen Städtetages**

VERLAG W. KOHLHAMMER

DIE NEUEN SCHRIFTEN DES DEUTSCHEN STÄDTETAGES

veröffentlichen neben offiziellen Äußerungen des Deutschen Städtetages auch Arbeitsergebnisse und Diskussionsbeiträge seiner Gremien, seiner Mitglieder und sonstiger Mitarbeiter. Meinungen, die in den Schriften geäußert werden, stellen deshalb nicht in allen Fällen die festgelegte Ansicht des Deutschen Städtetages dar, sondern werden von den Verfassern verantwortet.

Bearbeitet von Franz Springer und Dr. Ewald Müller

ISBN 3-17-009539-0

Werk-Nummer 9539

© Copyright 1986 Verlag W. Kohlhammer GmbH, Stuttgart, Berlin, Köln, Mainz - Verlagsort Köln

Druck: Drei Kronen Druck GmbH, Hürth/Rheinland

Printed in Germany   Imprimé en Allemagne

Inhalt

KRISENHERD GEMEINDEFINANZEN

Die Stadt — Lebenswerter Raum für ihre Bürger

9

STÄDTE UND SPARKASSEN

NEUE MEDIEN KOMMUNAL

ÜBER BRUNO WEINBERGER

QUELLENVERZEICHNIS

Vorwort

Natürlich gibt es kein festgeschriebenes Berufsbild für den Hauptgeschäftsführer des Deutschen Städtetages. Selbstverständlich sollte er im öffentlichen Recht insbesondere der kommunalen Selbstverwaltung zu Haus sein. Mehr noch muß er in finanzwissenschaftlicher und finanzpolitischer Hinsicht zu den Experten im Lande zählen. Er muß von der Öffentlichkeit wissen und mit ihr umgehen können. Vor allem aber muß ein Hauptgeschäftsführer des Deutschen Städtetages die große Gabe zum konstruktiven politischen Ausgleich haben, ohne ein Strohmann für alles und jedes zu sein.

So haben nach 1945 Persönlichkeiten dieses Amt geprägt: Zuerst Peter van Aubel, dann Otto Ziebill, kurz, aber unvergessen, Werner Bockelmann, zuletzt Bruno Weinberger.

Politische Interessen muß der Deutsche Städtetag vertreten gegenüber Landesregierungen, Bundesregierungen und den Parlamenten, den Ausgleich suchen zwischen den politischen Parteien einschließlich der Parteilosen, innerhalb des Städtetages, dem Deutschen Landkreistag, dem Deutschen Städte- und Gemeindebund und vielen anderen Verbänden und Gruppierungen, zwischen norddeutschen und süddeutschen, bayerischen und niedersächsischen, zwischen finanzschwachen und finanzstarken, großen und kleinen Mitgliedstädten, zwischen Oberstadtdirektoren und Oberbürgermeistern, Kämmerern und Kulturdezernenten und im eigenen Haus etwa zwischen Präsidium und Hauptausschuß. Die Liste könnte man beinahe beliebig fortsetzen. Sie wäre so vielfältig wie unser demokratisches Leben insgesamt. Und wenn man berücksichtigt, daß dem Deutschen Städtetag keinerlei hoheitliche Befugnisse zur Verfügung stehen, dann entpuppt sich der Weg, auf den sich ein Hauptgeschäftsführer des DST zu seinen Zielen begeben muß, als sehr schmaler Pfad.

„Auf schmalem Pfad" — heißt dieses Buch. Es soll an Beispielen zeigen, wem, welchen Gegenständen und welchen Widerständen Bruno Weinberger auf seiner langen (kommunal)politischen Reise — 1960 kam er zum Deutschen Städtetag, 1968 wurde er Geschäftsführendes Präsidialmitglied — als Mittler der deutschen Städte

11

begegnet ist. Zwar decken diese „Texte zur Politik des Deutschen Städtetages", eine kleine Sammlung prägnanter Auszüge aus Weinbergers in 27 Städtetags-Jahren „gesammelten Werken", das weite Feld städtischer Selbstverwaltung längst nicht vollständig ab. Sie können aber — gewissermaßen als Wegmarken — die große Bedeutung von Stadtpolitik zeigen und natürlich die schwierige, geduldige, auch erfolgreiche, mitunter kunstvolle, nicht selten entmutigende, im ganzen aber staatstragende Arbeit des Deutschen Städtetages.

Was über den Autor dieses Buches und dessen Leistungen für die deutschen Städte im einzelnen zu sagen ist, kann man in einem Schlußkapitel auf den Seiten 193 ff dieses Bandes in Beiträgen von Hans Koschnick, Manfred Rommel, Franz Josef Schmitt lesen.

Ich wünsche gerade dieser Publikation des Deutschen Städtetages in der politischen Landschaft der Bundesrepublik Deutschland, vor allem aber in den Räten und Verwaltungen unserer Mitgliedstädte eine weite Verbreitung.

Köln, im September 1986

Herbert Schmalstieg MdL
Oberbürgermeister der
Landeshauptstadt Hannover

Amtierender Präsident des
Deutschen Städtetages

Kommunale Selbstverwaltung — Stützpfeiler der Demokratie

Die politische Wertung der Gemeindeaufgaben

Jede Bedarfsrechnung, und sei sie noch so exakt, ist letztlich keine absolute, sondern eine relative Größe. Im Grunde ist der Bedarf eine politische Frage, die Frage, wie die Bedürfnisse des Bürgers in seiner gleichzeitigen Eigenschaft als Gemeinde-, Landes- und Bundesbürger gewertet werden und wie die sich häufig widersprechenden Ansprüche des Bürgers auf seinen privaten Verbrauch und gegen die öffentliche Hand abgegrenzt werden. Es gibt für das freie Spiel dieser Abgrenzung und Wertung jedoch Grenzen.

Mensch und Natur ertragen viel. Aber die Wirtschaft benötigt z.b. für ihre Existenz und für ihre Weiterentwicklung ein gewisses Maß an kommunalen Grundinvestitionen (social costs, Infrastruktur), das sich bei Absinken sehr bald zum Schaden der Wirtschaft selbst und des Sozialprodukts auswirkt. Denken Sie an den Schulbau und an Deutschlands wissenschaftliche und technische Weltgeltung von einst und jetzt. Denken Sie an den Verkehr in den Gemeinden und an den Verlust an Rentabilität der Milliarden-Investitionen der Geschäftswelt durch den gestörten Verkehrsablauf. Denken Sie daran, was Oberbürgermeister Dr. Vogel kürzlich vor dem Hauptausschuß des Deutschen Städtetages ausführte, nämlich, daß allein in den Gemeinden über 20 000 Einwohnern 1959 bei 480 000 Verkehrsunfällen 4379 Mitbürger getötet und 203 570 verletzt wurden und daß das der Ausrottung aller Einwohner der Stadt Tegernsee und der Verwundung jedes einzelnen Einwohners der Stadt Augsburg entspricht. Daß in den Gemeinden über 20 000 Einwohnern 5,55 Millionen Stunden Freizeit gewonnen werden könnten, wenn jeder Berufstätige bei geordneten Verkehrsverhältnissen pro Arbeitstag auch nur 10 Minuten rascher an seinen Arbeitsplatz oder nach Hause kommen könnte. Daß 1959 mindestens 1,1 Milliarden DM Verlust durch Sachschäden, verlorene Arbeitszeit, erhöhte Transportkosten und vermeidbaren Mehrverbrauch an Kraftstoff entstanden sind. Denken Sie vor allem an die alten Leute und an die Kinder, um die täglich von Tausenden von Eltern auf ihrem Schulweg gebangt wird.

Ist bei den kommunalen Grundinvestitionen, beim Schulbau, beim innergemeindlichen Verkehr die Grenze der Versagung der Mittel erreicht? Stadterneuerung, Sanierung, Erhaltung der natürlichen

Lebensgüter Wasser und Luft, das sind Aufgaben, denen bisher verhältnismäßig wenig Aufmerksamkeit geschenkt wurde. Man kann diese Dinge auch bis zu einem gewissen Grade der Verdichtung und Technisierung schleifen lassen, aber auch nur bis zu einem gewissen Grad. Nehmen Sie das kostbare Gut Wasser. 250 Millionen DM mußten die Stuttgarter und einige andere württembergische Städte aufwenden, um ihre Wasserversorgung aus dem fernen Bodensee sicherzustellen. Für den Bodensee selbst genügte seit Jahrhunderten seine biologische Selbstreinigungskraft; die letzten Jahre haben ihm aber jetzt den Rest gegeben, und der größte Trinkwasserspeicher Europas droht „umzukippen", d.h. die Fähigkeit, organische Substanzen abzubauen, erlahmt. Das bedeutet viele Millionen DM Aufwendungen für Kläranlagen, und das ist zugleich ein weiteres Beispiel für den großen Umbruch im kommunalen Bedarf, der sich in diesen Jahren vollzieht.

Nehmen Sie das natürlichste Gut, die Luft. Wer hätte im 19. Jahrhundert daran gedacht, daß daraus eine so ernste Sache werden könnte. Sehen Sie sich das Ruhrgebiet an, sehen Sie sich Leverkusen oder Ludwigshafen an. Man sagt von den Chemiegebieten, sie hätten den großen Vorteil, daß dort kein Ungeziefer existiert. Ist wenigstens die Grenze zwischen Insekten und Menschen auch die Grenze, die es gebietet, die große Aufgabe Reinhaltung der Luft in Angriff zu nehmen?

Mensch und Natur und — ich ergänze jetzt betont — Parteien ertragen viel. Aber es gibt Grenzen für das freie Spiel der Wertung kommunaler Aufgaben. Letztlich werden diese Grenzen sogar durch die Grundrechte abgesteckt, mit denen die Natur und unsere Verfassung die Bürger ausgestattet hat. Wenn das Leben gefährdet, die Würde des Menschen verletzt und seine Freizügigkeit nicht mehr gegeben ist, das Recht auf Schulbildung unvollkommen erfüllt wird und unentbehrliche Güter der Natur verlorengehen, dann wäre es für die politischen Kräfte höchst unklug, den kommunalen Bedürfnissen ihre Anerkennung zu versagen. Die politische willensbildende Stärke der Gemeinden liegt nicht in ihrer organisatorischen Kraft. Hierin ist ihnen bei der derzeitigen Verfassungskonstruktion jeder Verein mit persönlichen Mitgliedern überlegen. Die politische Stärke der Gemeinden liegt aber in ihren Aufgaben. Diese berühren die Bürger und die Wirtschaft am unmittelbarsten, und die Erfüllung oder Nichterfüllung der Gemeindeaufgaben bleibt nur begrenzte Zeit ohne politische Auswirkungen. (1961)[1]

Der Deutsche Städtetag in der Ära der Reformpolitik

Fast auf den Tag genau 65 Jahre sind es her, seit in den ersten Septembertagen des Jahres 1903 in Dresden zum ersten Male 159 deutsche Städte zu einem „Deutschen Städtetag" zusammenkamen.

In diesen 65 Jahren hat es gewiß Zeiten gegeben, die schwerer waren als die heutigen, Zeiten der Not bis hin zum Chaos und zur Zerstörung. Es hat aber wohl kaum eine Zeit gegeben, in der die Aufgaben in solcher Fülle auf die Städte zukamen und in der das Wesen der Städte so sehr in Wandlung war. Die Städte haben heute — mit mehr oder weniger Verspätung — nachzuvollziehen, was die industrielle, technische und wissenschaftliche Revolution in unserem Weltbild und in unseren Lebensumständen an Umbruch gebracht hat.

Dieser Umbruch ist wohl auch die Ursache dafür, daß heute so viele Aufgaben als Reformen in Erscheinung treten. Wir stehen vor oder inmitten

— der Verwaltungs- und Gebietsreform,
— der Reform des Bildungs- und Schulwesens,
— der Finanzreform,
— der Steuerreform,
— der Reform des Haushaltswesens,
— der Reform der Krankenhausfinanzierung.

Aber nicht genug damit. Diese Reformen sind begleitet von gewaltigen Umstrukturierungen

— im innerstädtischen Verkehr,
— in der kommunalen Versorgungswirtschaft,
— im Sozial- und Jugendhilfebereich,
— im Städtebau bis hin zur Sanierung und Erneuerung unserer Städte,
— im Sparkassenwesen,
— in der Konjunkturpolitik,
— in der Statistik und Stadtforschung und
— in der Öffentlichkeitsarbeit.

Eine riesige Aufgaben- und Reformflut strömt auf unsere Städte und Gemeinden ein. Ihre Spitzenorganisation, der Deutsche Städtetag, hat hierfür die Leitbilder zu prägen, die gemeinsame große Linie zu wahren und die Reformen im Geiste der deutschen Selbstverwaltung mitzugestalten.

Wir müssen uns jedoch auch bewußt sein, was dies bedeutet. Vor allen Dingen, was dies in den Anforderungen an unsere Organe und an unsere Hauptgeschäftsstelle bedeutet. Als ich z.B. vor 4 Jahren meinen letzten Geschäftsbericht vorlegte, gab es weder einen Kapitalmarktausschuß noch einen Konjunkturrat noch einen Finanzplanungsrat. Die übrigen Finanzfragen sind gewiß nicht weniger geworden. Unsere Gremien verspüren die enorme Ausweitung an den Tagesordnungspunkten der Sitzungen, und in der Hauptgeschäftsstelle entsteht die sehr ernste Frage: Können wir diesen neuen Arbeitsstil, können wir diese Form des kooperativen Föderalismus mithalten oder nicht?

Ich glaube, die Städte und der Städtetag müssen mithalten. Die Gemeindeebene ist es, in der die meisten dieser Aufgaben wieder zusammenfließen. (1968)[2]

Der Deutsche Städtetag
und die kreisangehörigen Städte

Die heutige Konstituierung des Ausschusses für kreisangehörige Städte ist verbandsgeschichtlich ein äußerst bedeutsamer Vorgang. Um das deutlich zu machen, muß ich eine kurze Rückblende auf das Verhältnis des Deutschen Städtetages zu den kreisangehörigen Städten machen.

In der Einladung zum „Ersten Deutschen Städtetag" 1903 in Dresden wurden nur die Städte über 25 000 Einwohner angesprochen. Diese Beschränkung fand auch ihren Niederschlag in der ersten Satzung des Deutschen Städtetages aus dem Jahre 1905: Städte unter 25 000 Einwohnern waren nur über eine mittelbare Mitgliedschaft mit dem Deutschen Städtetag verbunden.

1921 wurde die Grenze auf 10 000 Einwohner herabgesetzt, und gleichzeitig wurde den kleineren Städten in besonderen Fällen auch die ordentliche Mitgliedschaft eröffnet. Dies blieb auch der Zustand bis zur Auflösung des Deutschen Städtetages im Dritten Reich.

Bei der Wiedergründung des Deutschen Städtetages nach dem Zweiten Weltkrieg drohte zunächst eine auf die Unterscheidung Kreisfreiheit und Kreisangehörigkeit ausgerichtete Differenzierung zum Zuge zu kommen. Jedenfalls forderte die rheinische Oberbürgermeister-Konferenz im Oktober 1945 „die Beschränkung des Deutschen Städtetages auf die kreisfreien Städte". In der Satzung von 1947 wurde dann allerdings bestimmt, daß Mitgliedstädte „die kreisfreien Städte und die bedeutenderen kreisangehörigen Städte" sein könnten. In der Neufassung von 1948 wurde dann festgelegt, „daß die deutschen Städte unabhängig von ihrer Größe die Mitgliedschaft erwerben" könnten. In der Neufassung der Satzung von 1951 schließlich wurde die unmittelbare Mitgliedschaft wieder auf die kreisfreien Städte beschränkt und die kreisangehörigen Städte auf die mittelbare Mitgliedschaft verwiesen. Erst in der Neufassung 1956 wurde für die unmittelbaren Mitglieder jede Bezugnahme auf den Rechtsstatus und auf die Einwohnerzahl fallengelassen: „Unmittelbare Mitgliedstädte können alle deutschen Städte werden", heißt es jetzt lapidar.

Der Rückblick zeigt also, daß in den ersten 50 Jahren der Geschichte des Deutschen Städtetages eine gewisse Differenzierung der Städte stattgefunden hat, daß jedoch hierbei weniger der rechtliche Status als mehr die Größe der Stadt im Vordergrund gestanden hat.

Der Rückblick zeigt weiter, daß diese Differenzierung häufig gewechselt hat, daß also eine gewisse Unsicherheit in dieser Beziehung gegeben war.

Der Rückblick zeigt aber auch, daß seit dem 51. Jahr der Existenz des Deutschen Städtetages, seit 1956, eine beständige Linie eingekehrt ist, und zwar auf der Grundlage eines Verzichts auf jegliche Differenzierung.

Schlicht und einfach steht jetzt in unserer Satzung: „Unmittelbare Mitgliedstädte können alle deutschen Städte werden." Diese Satzungsbestimmung soll keine Wertung in der unmittelbaren und mittelbaren Mitgliedschaft und vor allen Dingen keine Beeinträchtigung unserer Landesverbände darstellen. Sie soll lediglich zum Ausdruck bringen, daß — auf einen kurzen Nenner gebracht — das Arbeitsprogramm des Deutschen Städtetages lautet: Die deutsche Stadt, die Stadt jeder Größenordnung und jeder Rechtsform.

Dieses Programm getreu zu erfüllen, ist entschiedener Wille aller unserer Organe und meine feste Absicht als Leiter der Hauptgeschäftsstelle des Deutschen Städtetages.

Ich habe am 4. September 1968 anläßlich meiner Wahl zum Geschäftsführenden Präsidialmitglied des Deutschen Städtetages vor dem Hauptausschuß unter Zustimmung aller seiner Mitglieder u.a. folgendes erklärt:

„Der Verstädterungsprozeß bringt im Bereich der Städte eine Vereinheitlichung der Probleme und Interessen, die sich auf die Dauer als stärker erweisen wird als die vor einem halben Jahrhundert aufgebaute Verbandsgliederung.

Hinzu kommen bei den Mittelstädten neue Entwicklungen, die von der kommunalen Neugliederung, der Gebietsreform, ausgelöst werden. Wir müssen gerade unseren davon betroffenen Mittelstädten mit Rat und Tat beistehen, und es ist fast zwangsläufig, daß sich daraus eine Hilfe für diesen Städtetyp insgesamt entwickelt, zumal wenn, wie zur Zeit in Nordrhein-Westfalen, eine gewisse Arrondierung auch der verbandsmäßigen Gliederung im Bereich der kleineren kreisangehörigen Städte und Gemeinden im Gange ist.

Ziel sollte sein, daß der Deutsche Städtetag mehr als bisher noch sich der Probleme der kleineren kreisfreien und der größeren kreisangehörigen Städte annimmt, die Kraft und Erfahrung der Großstädte mit dem Elan der wachsenden kleineren Städte in allen Regionen verbindet und das städtische Element in der Bundesrepublik umfassend repräsentiert." (1969)[3]

Stärkere Mitwirkungsrechte
für die Gemeinden

Zweifellos haben sich seit 1949 die Machtpositionen verschoben, und es ist nicht zu bestreiten, daß sich die Städte und Gemeinden in einer ernsten Abwehrsituation befinden. Wir müssen uns sogar ernsthaft fragen, ob und inwieweit die institutionelle Garantie der kommunalen Selbstverwaltung (Art. 28 Abs. 2 GG) den andrängenden Kräften bereits erlegen ist.

Wenn man diese Frage prüft, dann kann man zwei neuere Entwicklungen feststellen. Eine davon ist für die Gemeinden durchaus hoffnungsvoll; die andere kann die Gemeinden das Fürchten lehren, hat aber den Vorteil, daß sie zu einer Entscheidung drängt.

Hoffnungsvoll ist, daß die in den letzten Jahrzehnten wirksame Zurückdrängung der kommunalen Selbstverwaltung langsam, aber sicher Gegenkräfte erzeugt. Es ist nicht zu übersehen, daß die älteren positiven Wertungen der Selbstverwaltungsgarantie eine immer stärkere Ergänzung und konstruktive Ausgestaltung durch jüngere Staatsrechtslehrer erfährt. Charakteristisch ist auch die aufkommende Theorie vom „gemeindefreundlichen Verhalten".

Die zweite neue Entwicklung kommt von der Planung und allem was damit zusammenhängt. Sie birgt große Gefahren in sich. Die Planung kann alle bisherigen Selbstverwaltungstheorien und die herrschende Selbstverwaltungskonzeption weitgehend konterkarieren, durch weitreichende Beschränkungen der Gemeindeautonomie diese fast auf Null bringen und schließlich zu einer völligen Aushöhlung kommunaler Selbstbestimmung führen.

Die Planung ist der Beginn einer Veränderung, der man zunächst noch mit herkömmlichen Instrumenten und juristischen Figuren begegnen wollte, der man dann mit neuen Begriffen wie etwa „Gemeinschaftsaufgaben" oder der aus der amerikanischen Verfassungspolitik entlehnten Formel vom „kooperativen Föderalismus" gerecht zu werden versuchte, die aber letztlich die heute bestehende Verfassungsstruktur erfassen wird.

Welche verfassungspolitische Triebkraft die Planung erzeugt, zeigt sich z.B. in der Einsetzung der Enquete-Kommission für Fragen der Verfassungsreform durch den Bundestag am 8. Oktober 1970. Diese Kommission hat bereits in ihrem ersten Zwischenbericht vom 21. September 1972 der Planung einen bedeutsamen Abschnitt gewidmet.

Was sollen wir anstreben? Die Kommunen und ihre Spitzenverbände brauchen eine effektivere und gesicherte Mitwirkung an den örtlich und kommunal relevanten Entscheidungen des Bundes und der Länder. Die Forderungen sollten m.E. zwei Bereiche erfassen:

— Einmal müssen die Kommunen und ihre Spitzenverbände aus dem sogenannten vorparlamentarischen Raum befreit und in eine angemessene Beziehung zu ihren öffentlich-rechtlichen und gebietskörperschaftlichen Partnern gebracht werden;

— zum anderen muß die Planung so gestaltet und institutionalisiert werden, daß nicht einseitige Steuerung, sondern Koordination und Kooperation ihr Wesensinhalt werden.   (1973)[4]

Das neue Haus des Deutschen Städtetages

Im September 1973, zweieinhalb Jahre nach Baubeginn, ist der Neubau der Hauptgeschäftsstelle fertiggestellt. Am 19. September wird das neue Haus den Organen des Deutschen Städteages und der Öffentlichkeit übergeben.

In der Geschichte des Deutschen Städtetages ist dies ein bedeutendes Ereignis. 70 Jahre sind vergangen, seitdem im Jahre 1903 bei einer Städteausstellung in Dresden der Anstoß zur Gründung des Deutschen Städtetages gegeben wurde; 1975 werden wir das 70jährige Bestehen des Deutschen Städtetages feiern können. Nach 70 Jahren erhält der Deutsche Städtetag eine Residenz, die für die besonderen Zwecke der Hauptgeschäftsstelle geplant und erbaut worden ist.

Die Zentralstelle des alten Deutschen Städtetages begann ihre Tätigkeit 1906 mit vier Dienstkräften in einigen kleinen Büroräumen, die der Berliner Magistrat im Hause Poststraße 17 am Molkenmarkt im Herzen des alten Berlin kostenlos bereitgestellt hatte. Die Zahl der Mitarbeiter stieg bis zum Jahre 1921 auf 40 Köpfe an, so daß das in der Zwischenzeit vom Deutschen Städtetag allein benutzte kleine Gebäude längst nicht mehr ausreichte. Eine im gleichen Jahr bestellte besondere Kommission für den Ankauf eines eigenen Dienstgebäudes fand aber erst im Jahre 1925 ein geeignetes Objekt. Für 500 000 Reichsmark erwarb der Städtetag das Haus Alsenstraße Nr. 7, das in unmittelbarer Nähe des Reichsinnenministeriums, aber auch nur wenige Fußwegminuten vom Reichstag und vom Preußischen Innenministerium entfernt lag. In diesem „Städtehaus" war die Zahl der Beschäftigten 1933 auf 65 Personen angestiegen.

Nach der Zwangsvereinigung des Deutschen Städtetages mit den anderen kommunalen Spitzenverbänden zum Deutschen Gemeindetag im Jahre 1933 wurde 1934 das Nachbargrundstück Alsenstraße 8 gekauft, 1937 kam das rückwärts an beide Gebäude an-

▶

Das Haus des Deutschen Städtetages in Köln-Marienburg.
Rückseite:
Blick ins Foyer vor den beiden Sitzungssälen.

grenzende Haus Roonstraße 5 hinzu. Diese drei Häuser wurden durch einen Verbindungsbau zu einem Gebäudekomplex vereinigt.

Im Verlauf der angeordneten „Neugestaltung der Reichshauptstadt" wurden die Gebäude zum Abriß bestimmt und im Jahre 1938 an die Stadt Berlin verkauft. Als neuer Baugrund wurde dem Deutschen Gemeindetag das Grundstück Berliner Straße 4—9 (jetzt Straße des 17. Juni 112) zugewiesen, das er 1939 für 850 000 Reichsmark erwarb. Der Bau eines neuen Verwaltungsgebäudes wurde weit in die Kriegsjahre hinein betrieben; bis 1941 waren über 7 Millionen Reichsmark verbaut.

Das durch die Kriegshandlungen stark beschädigte Gebäude konnte erst von 1952 an — nach der Übernahme des Grundstücks durch den Verein für Kommunalwissenschaften — bis 1956 wieder instand gesetzt werden. Im jetzigen Ernst-Reuter-Haus befinden sich u.a. der Sitz der Berlin-Vertretung des Deutschen Städtetages und das Deutsche Institut für Urbanistik.

Während in den 50er Jahren für das Ernst-Reuter-Haus in Berlin verhältnismäßig viel geschehen ist, begnügte man sich für die Zentrale des Deutschen Städtetages in der Bundesrepublik mit einem verhältnismäßig geringen Aufwand. Auch das neue Haus ist frei von „Protz und Prunk". Es sollte jedoch den Ansprüchen gerecht werden, die an den Sitz des Deutschen Städtetages gestellt werden müssen. Die architektonische Aufgabe hatte zu berücksichtigen, daß der Deutsche Städtetag als Spitzenverband aller kreisfreien und einer großen Zahl kreisangehöriger Städte in der Bundesrepublik Deutschland sich in gewisser Weise als das geistige und politische Zentrum der städtischen Selbstverwaltung empfindet. Der Gesamtcharakter des Baus und der Anlage sollte diesem Selbstverständnis ebenso gerecht werden wie die innere Gliederung des Hauses den funktionalen Erfordernissen. Der Städtetag ist in seinem Wirken sehr stark auf Kommunikation und in seiner Arbeit auf gute Fundierung ausgerichtet. Letzterem dienen die beträchtlichen Rauminvestitionen für Bibliothek, Registratur und Archiv mit den entsprechenden technischen Einrichtungen. Der Kommunikation mit den Städten und zwischen den Städten sowie zwischen Städten und Staat und zahlreichen Verbänden ist die breit angelegte Zone mit dem Foyer und den Sitzungssälen gewidmet.

Die deutschen Städte haben nunmehr in Köln-Marienburg einen geistigen und optischen Mittelpunkt. (1973)[5]

Treffpunkt Berlin

Am 27. November 1905 versammelten sich in Berlin Vertreter von 144 Städten und 7 regionalen Städtevereinen zum Ersten Deutschen Städtetag, setzten die vorher ausgearbeitete Satzung in Kraft und konstituierten sich als Deutscher Städtetag. Ein Grund mehr, 70 Jahre danach zur 18. ordentlichen Hauptversammlung des neuen Deutschen Städtetages wieder nach Berlin zu kommen.

Die 70 Jahre gehören mit zu den geschichtsträchtigsten der deutschen Entwicklung. Zwei Kriege, eine deutsche Völkerwanderung bisher nicht gekannten Ausmaßes, der Weg vom Kaiserreich bis zur zweiten Republik, dazwischen 12 Jahre Diktatur; viele Städte waren in dieser Zeit fast ausgelöscht worden und sind wieder erstanden. Vielleicht wird die Entwicklung dadurch am deutlichsten: Am 27. November 1905 waren auch die Oberbürgermeister von Straßburg, Dresden und Breslau in den Vorstand des Deutschen Städtetages gewählt worden!

In die 70 Jahre fiel die größte Bewährungsprobe der deutschen Städte: Die Überwindung der Zerstörung und ihr Wiederaufbau. Trotzdem besteht kaum Zeit und Anlaß zum Feiern. Wir haben nicht das Jubiläum in den Mittelpunkt der Tagung gestellt, sondern ein sachliches Thema, nämlich „Die Stadt: Zentrum der Entwicklung". Wir müssen die kommunalpolitischen Konzeptionen fortentwickeln, die wir mit den Hauptversammlungen erarbeiten und sichtbar machen wollen. So haben wir z.B. 1960 mit der Hauptversammlung in Augsburg den Begriff der Urbanität reaktiviert, 1965 gedachten wir des 20jährigen Wiederaufbaus, die Hauptversammlung 1971 überdachte die Folgen und Wirkungen der Entwicklung und führte zu dem aufrüttelnden Appell „Rettet unsere Städte jetzt!", und 1973 zeigten wir schließlich Möglichkeiten der Rettung, nämlich Wege zur menschlichen Stadt auf. In diesem Jahr nun steht die Stellung der Stadt zur Diskussion.

Die Konstellation und mit ihr die Aufgaben ändern sich dauernd und erfordern eine große Flexibilität. Selbst im Vergleich zur letzten Hauptversammlung vor zwei Jahren in Dortmund befinden wir uns heute schon wieder in einer veränderten Welt. Die Tendenzwende in der Bevölkerungsentwicklung, die 1972 erstmals die Zahl der Verstorbenen die Zahl der Geburten überwiegen ließ, hat erheblich tiefgreifendere Auswirkungen, als heute manchem bewußt ist. Viele programm- und handlungsbestimmende Spannungsmomente der Vergangenheit verlieren plötzlich an Kraft, und neue Schwierigkeiten tauchen auf.

Eine Schwierigkeit ist nicht neu, sie zieht sich durch die gesamte Geschichte des Deutschen Städtetages: die Finanzsituation. Allerdings ist sie zur Zeit besonders ernst und nicht auf die Städte beschränkt, sondern allgemein. Die Konjunktur ist eine Sorge der ganzen Wirtschaft, und die unzulänglichen Finanzmittel sind ein gemeinsames Problem der öffentlichen Hand. Auch und besonders die 18. Hauptversammlung des Deutschen Städtetages wird kaum umhin können, sich mit der Finanzfrage zu beschäftigen.

Trotz der großen Entwicklungsprobleme und der ernsten akuten Finanzsorgen sollte die Hauptversammlung 1975 die Erinnerung an 1905 pflegen und darüber hinaus sogar den Sinn des Ganzen, nämlich den Wert der städtischen Selbstverwaltung, bedenken. „Man kann klagen über die Verwaltung in den einzelnen Städten, man kann bedauern, daß Meinungsverschiedenheiten und Konflikte obwalten; daß aber im großen Ganzen der große Wurf, der im Jahre 1808 geschah, vollständig gelungen ist, daß die Selbstbestimmung und -Verwaltung der Städte sich vollständig bewährt hat, daß die Städte vollauf die Intelligenz für die ihnen gestellte Aufgabe, den guten Willen, den Eifer und die Opferfreudigkeit bewiesen haben, kann von keiner Seite bestritten werden. Wir sehen dies daran am allerbesten, daß die Dinge ebensogut gehen in denjenigen Provinzen, in denen sehr wenig Beaufsichtigung stattfindet, als in denjenigen, in denen zuviel beaufsichtigt wird, ja, daß das freundliche Verhältnis der städtischen Behörden zu den Staatsbehörden um so größer ist, je weniger unnütz die Staatsbehörden in die städtische Verwaltung hineingreifen." Dies sagte schon 10 Jahre vor Gründung des Deutschen Städtetages am 18. März 1876 Johannes von Miquel, damals Oberbürgermeister und nachmalig preußischer Finanzminister im Preußischen Abgeordnetenhaus.

(1975)[6]

Stabilitätspolitischer Auftrag und Aufgabenverteilung im Bundesstaat

Die Berichte aus der Schweiz, Österreich und der Bundesrepublik Deutschland zeigen, daß die Rechtsgrundlagen der Stabilitätspolitik in den drei Ländern kaum unterschiedlicher sein könnten. Die österreichische Rechtsordnung stellt noch keine Eingriffsinstrumente zur Verfügung, mit denen eine stabilisierungspolitisch motivierte Gleichrichtung der Haushalte der Gebietskörperschaften herbeigeführt werden könnte. Die Schweiz war bis in die jüngste Zeit in einer ähnlichen Situation, sie hat sich aber neuerdings ein umfassendes stabilitätspolitisches Konzept geschaffen. Die Bundesrepublik Deutschland hat mit den Grundgesetzartikeln 109 und 104a sowie mit dem Gesetz zur Förderung der Stabilität und des Wachstums der Wirtschaft von 1967 ein rechtlich abgesichertes wirtschaftspolitisches Instrumentarium, das auch unmittelbar und schnell in finanzpolitische Maßnahmen umgesetzt werden kann bzw. könnte.

Ein Vergleich der drei Regelungen miteinander und der jeweiligen Regelung mit der tatsächlichen Konjunkturpolitik, wie er in den Kongreßberichten und -debatten möglich wurde, vermittelt bemerkenswerte Erkenntnisse und erlaubt einige interessante Feststellungen.

Wir haben zwei Systeme: einmal das recht perfekt anmutende konjunkturpolitische Instrumentarium in der Bundesrepublik Deutschland und zum anderen eine auf befristetes Notrecht und noch mehr auf freiwillige Vereinbarungen und Richtlinien basierende Konjunkturpolitik in Österreich und, bisher sowie auch noch für die nächste Zeit, in der Schweiz, da die Konkretisierung des neu verabschiedeten Stabilitätsartikels weiterer Gesetze bedarf, also nicht ohne weiteres angewendet werden kann. Alle drei Länder vermochten aber ihre stabilitätspolitischen Probleme einigermaßen zu lösen, jedenfalls traten diesbezüglich keine wesentlichen Unterschiede zwischen den drei Ländern in Erscheinung.

Es ist daher die Frage verständlich, ob für die Konjunkturpolitik überhaupt eine strenge Rechtsordnung erforderlich ist. In der Schweiz hat die jüngste Gesetzgebung diese Frage bejaht, und in

Österreich geht offensichtlich die Diskussion ebenfalls in diese Richtung; man erwartet im Bundesstaat mehr Rechtssicherheit und mehr Mitwirkung und Mitsprache für die verschiedenen Ebenen, als sie ohne Rechtsordnung garantiert ist.

Die Skepsis gegenüber einer prophylaktischen stabilitätspolitischen Rechtsordnung wird auch durch die deutsche Praxis genährt. Die Bundesrepublik Deutschland hat das umfassendste gesetzliche Instrumentarium; dies verdankt sie den besonderen Umständen bei der Entstehung des Gesetzes: Es wurde 1966 in einer Hochkonjunktur zur Dämpfung eingebracht, ein halbes Jahr später aber nach Umschlagen der Konjunktur zum Gesetz zur Förderung des Wachstums ergänzt, war also theoretisch für alle Fälle, nämlich für die bekannten vier Ziele der Stabilitätspolitik gerüstet. In der Praxis wurden die im Gesetz geschaffenen Instrumente und Möglichkeiten aber nicht voll ausgeschöpft und im konjunkturpolitischen Bedarfsfall jeweils neue Instrumente ad hoc geschaffen. Es klingt etwas salopp und pauschal, es charakterisiert jedoch die Entwicklung, wenn man feststellt: Was im Gesetz steht, wird kaum angewendet, was angewendet wird, steht meist nicht in diesem Gesetz. Z.B. wurde von dem Instrument, die Einkommensteuer generell hinaufzusetzen, noch nie Gebrauch gemacht; man hat statt dessen 1970 ein eigenes Gesetz für einen Konjunkturzuschlag und 1973 ein weiteres Gesetz für einen Stabilitätszuschlag gemacht.

Hinter dieser bemerkenswerten Diskrepanz zwischen vorgegebener Rechtsordnung und praktischem Vollzug verbirgt sich nicht Willkür, sondern die Erkenntnis, daß die Rechtsordnung offensichtlich nicht so weit und so konkret vorausdenken kann, daß sie nicht doch von den praktischen Erfordernissen überholt würde. Wir wissen, daß dies kein genereller Mangel der Rechtsordnung ist und daß sie auf vielen Gebieten sehr wohl in der Lage ist, vorausschauend ein Tun oder Unterlassen zu antizipieren. Wenn dies auf konjunkturpolitischem Gebiet sehr schwierig ist, dann liegt dies offensichtlich an dieser Materie, die sich immer wieder neu und überall anders stellt und die mit so vielen Perspektiven verbunden ist — etwa verteilungspolitischen Erwägungen bei steuerrechtlichen Eingriffen —, daß die aktuelle Aufgabe des Politikers über eine vorgegebene Norm dominiert. (1978)[7]

Für kleine Gemeinden hat es sich gelohnt

Wer vor zehn Jahren behauptet hätte, unser Staat, unsere Demokratie werde es fertigbringen, eine zum Teil mehr als 150jährige Gemeindestruktur so zu ändern, daß binnen weniger Jahre rund zwei Drittel der Gemeinden ihre politische Selbständigkeit verlieren und in größeren Einheiten aufgehen, der hätte keinen Glauben gefunden. Am 1. Mai wurde mit dem Inkrafttreten der letzten Gebietsänderung in Bayern das Reformwerk vorerst abgeschlossen. Anstelle von 24 282 Gemeinden, die noch 1986 existierten, gibt es seither nur noch 8518.

Die Gebietsreform wurde in einem Bundesstaat mit acht im Kommunalrecht souveränen Flächenländern vollzogen. Das mußte zu unterschiedlichen Ergebnissen führen. Während in Schleswig-Holstein und Rheinland-Pfalz die Zahl der Gemeinden nur um 18% bzw. 20% reduziert worden ist, wurden in Baden-Württemberg zwei Drittel, in Niedersachsen und in Bayern je rund drei Viertel und in Nordrhein-Westfalen, Hessen und im Saarland sogar mehr als vier Fünftel der Gemeinden mit anderen zusammengeschlossen. Die kommunale Verwaltungsebene ist damit zwar übersichtlicher, nicht aber auch einheitlicher geworden. So verteilen sich im einwohnerreichsten Bundesland Nordrhein-Westfalen 17 Millionen Einwohner auf 396 Gemeinden, während in Rheinland-Pfalz bei 3,6 Milionen Einwohnern noch 2320 selbständige Gemeinden bestehen.

Die Neugliederung hat die Gemeindestruktur einschneidend verändert. 1968 gab es noch rund 16 470 Gemeinden unter 1000 Einwohnern, und das waren 68% aller Gemeinden. Nunmehr sind es nur noch 3150 = 37%. Während es in Nordrhein-Westfalen und im Saarland keine solchen Kleinstgemeinden mehr gibt, fallen in Schleswig-Holstein und Rheinland-Pfalz immer noch 71% bzw. 73% der Gemeinden unter die Einwohnergrenze von 1000. In der Größenklasse 1000 bis 5000 Einwohner ist die Zahl der Gemeinden ebenfalls stark gesunken, und zwar von 6256 auf 3330. Die Zahl der Gemeinden ab 5000 Einwohnern ist verständlicherweise durch die Gebietsreform angestiegen, vornehmlich im Bereich der Klein- und Mittelstädte zwischen 5000 und 10 000 Einwohnern. In dieser Gruppe befanden sich 1968 6,2% der Gemeinden, heute sind es

23,2%. Die Zahl der Großstädte über 100 000 Einwohnern hat sich lediglich von 57 auf 68 vermehrt; mehrere Großstädte blieben von der Reform ausgeschlossen.

Politisch und soziologisch besonders interessant und bedeutsam ist die Verteilung der Bevölkerung auf die Gemeindegrößenklassen. Die Bevölkerung wohnt heute zu 15% unter 5000 Einwohnern (früher 32,6%), zu 50% in den Klein- und Mittelstädten von 5000 bis 100 000 Einwohnern (früher 35,2%) und zu 35% in den Großstädten (früher 32,3%). Es hat also eine starke Verlagerung von den Kleinstgemeinden zu den Mittelstädten hin stattgefunden.

Im Zuge der Kreisreform, die bereits zum 1. 8. 1977 abgeschlossen worden ist, wurden von den früher 139 kreisfreien Städten 47 eingekreist und die Zahl der Landkreise von 425 auf 235 reduziert. Die kleinste kreisfreie Stadt ist Schwabach in Bayern mit rund 33 000 Einwohnern, die größten kreisangehörigen Städte sind Saarbrükken mit mehr als 200 000 Einwohnern und Neuss mit rund 150 000 Einwohnern. Daneben gibt es noch sieben weitere kreisangehörige Großstädte.

Zur Stärkung der örtlichen Selbstverwaltung sind in fünf Bundesländern Zusammenschlüsse selbständiger Gemeinden vorhanden, die man unter dem Oberbegriff „Verwaltungsgemeinschaften" zusammenfassen kann. Auf der Ortsstufe bestehen nunmehr 3353 Verwaltungsgrundeinheiten, die sich aus 92 kreisfreien Städten, 2170 Einheitsgemeinden und 1091 Verwaltungsgemeinschaften mit 6248 Mitgliedsgemeinden zusammensetzen.

Man kann die Ergebnisse der Neugliederung natürlich sehr unterschiedlich bewerten. Es gab reichlich Kritik, und sie war verständlich gegenüber den Pannen, die bei einem Reformwerk dieses Umfanges kaum völlig zu vermeiden sind. Die letztlich entscheidende Frage für die kommunale Selbstverwaltung ist jedoch, wie heute die Gemeindestruktur beschaffen sein muß, damit die Institution Gemeinde ein den Bedürfnissen der Zeit angemessener Träger bürgerschaftlicher Gestaltungskraft und wirtschaftlicher Investitionskraft sein kann. Die nach dem Krieg vorhandene Gemeindestruktur mit mehr als 24 000 Einheiten, mit vielen Zwerg- und Kleinstgemeinden im ländlichen Raum und mit den durch Gemeindegrenzen zerrissenen Wirtschaftsräumen in den städtischen Gebieten hätte die ihr vom ausgehenden 20. Jahrhundert gestellten Aufgaben nicht bewältigen können.

Für die kleinen Gemeinden ist die Reform weitgehend gelungen. Man kann freilich darüber Klage führen, daß die Unterschiede zwischen den Bundesländern zu groß geworden bzw. geblieben sind. Der Föderalismus hat eben seinen Preis, und dieser ist, wenn man genau wägt, doch geringer als jener des Zentralismus. Im übrigen sind gegenüber der länderweisen Vielfalt der Neugliederung dann weniger Bedenken angebracht, wenn die Verwaltungsgemeinschaften als Übergangslösungen gewertet werden. Für mehrere Großstädte ist die Neugliederung ausgeblieben, und damit blieben Wirtschaftsräume durch Gemeindegrenzen zerrissen und ein drängendes Problem unserer Zeit, das Stadt-Umland-Problem ungelöst. Ein anderes Problem wurde durch die Einkreisung von Großstädten, die an Tradition, Verwaltungskraft und Aufgabenintensität den Kreisen weit überlegen sind, neu geschaffen.

Man sollte das Urteil über die Reform auch nicht ohne Blick über die Grenzen fällen. Man muß auf jene Länder wie etwa Skandinavien, England, Niederlande und Belgien verweisen, die wie wir reformiert und zum Teil sogar noch größere kommunale Einheiten geschaffen haben. Man soll auch jene Länder, wie zum Beispiel Frankreich sehen, das immer noch 36 500 Gemeinden hat, deswegen aber keineswegs glücklicher ist, sondern einer Regionalentwicklung ausgesetzt ist, die mehr Unzufriedenheit und Unruhe hervorrufen wird als eine Modernisierung der Gemeindestruktur.

(1978)[8]

Heinrich Friedrich Karl
Reichsfreiherr vom und zum Stein

Für viele ist Stein neben Metternich und Bismarck der bedeutendste deutsche Staatsmann des 19. Jahrhunderts. Woran liegt es, daß der Reichsfreiherr vom und zum Stein (26. Oktober 1757 bis 29. Juni 1831) diese Wertung errungen hat und, geographisch wie sachlich, von so vielen in Anspruch genommen wird? Er hat eine Zäsur bewirkt, und die große Spannweite seiner Persönlichkeit wie die Vielschichtigkeit seines Werkes machen es den verschiedensten Gruppen möglich, sich auf Stein zu berufen. Die Bauern rühmen ihren Befreier, der Bergbau seinen Oberbergrat, die Industrie ihren Förderer, die Verwaltung ihren Reformer, die Selbstverwaltung ihren Schöpfer, die Deutschen einen Gegenspieler Napoleons und die Historiker den Begründer der Monumenta Germaniae Historica.

Kann ihn, den preußischen Staatsminister, das Land Rheinland-Pfalz in Anspruch nehmen? Stein ist immerhin der Sohn eines mainzischen Geheimen kurfürstlichen Rates, überdies auf dem Gebiet des Landes, zu Nassau, geboren und begraben, und außerdem war er wenigstens zweimal am Hof des Kurfürsten von Mainz tätig (1777 und 1785). Schon Bismarck stellte in seinen „Gedanken und Erinnerungen" fest, daß Stein wie Hardenberg, Blücher, Moltke, Gneisenau und mancher andere jener Zeit kein „preußisches Urprodukt" war. Obwohl er einer der markantesten Preußen seiner Zeit geworden ist, war und blieb Stein im Grunde der ideell dem Reich verbundene Rheinfranke und Reichsritter, als der er geboren worden ist.

Es war deshalb auch folgerichtig, nach dem Studium der Rechts- und Staatswissenschaften in Göttingen sich 1777 beruflich zunächst auf das Reich hin zu orientieren und das Reichskammergericht zu Wetzlar, den Reichstag zu Regensburg und den Reichshofrat in Wien zu besuchen. Das Ergebnis war 1780 allerdings der Entschluß, nicht dem schwachen Reich, sondern dem friederizianischen Preußen zu dienen. Friedrich der Große regierte bereits 40 Jahre wie auch Maria Theresia, die aber in jenem Jahr starb. Es war die Zeit der Aufklärung, des Sturms und Drangs (Schiller war 21 Jahre, Goethe 31 Jahre alt), in England hatte Adam Smith soeben (1776) mit seiner liberalistischen Volkswirtschaftslehre die industrielle Revolution begründet, und in Amerika kämpften die 13 vereinigten Staaten um ihre Unabhängigkeit. Es war eine Zeit des Umbruchs, deren Höhepunkte mit der Französischen Revolution (1789), den europäischen Kriegen Napoleons (1795—1814) und dem Ende des Heiligen Römischen Reiches Deutscher Nation (1806) noch bevorstanden und die Szenerie für Steins Wirken abgeben sollten.

Der preußische Dienst begann fern der Politik, aber doch recht interessant im aufblühenden Bergwesen. Schnell stieg er vom Referendar beim Bergwerk- und Hüttendepartment im Generalkriegs- und Domänendirektorium in Berlin, der Zentralbehörde des preußischen Staates, zum Oberbergrat auf. 1784 wurde er Leiter des gesamten preußischen Bergwesens in den Westprovinzen mit Sitz in Wetter an der Ruhr. Damit begann der Lebensabschnitt, der zur Grundlage seines Werkes wurde, nämlich die zwanzig Jahre an der Ruhr und in Westfalen. Steins Wirken beschränkte sich nicht auf den Bergbau, den er nach vergleichenden Studienreisen beträchtlich vorantrieb. Es erstreckte sich auch auf das Straßen- und Transportwesen, auf die Finanzprobleme, auf die Fabriken und generell auf die Wirtschaftserschließung jenes Gebietes, das — nicht zuletzt durch seine Leistung — später Hauptträger der industriellen Revolution wurde und das als Ruhrrevier bis in unsere Tage Wirtschaftsgeschichte macht. Zu Recht beruft sich die Wirtschaft auch heute noch auf diesen Teil des Steinschen Lebenswerkes.

Stein ließ bereits damals staatsmännisches Format erkennen, zeigte, daß er wirtschaftlichen, finanziellen und sozialen Problemen mit weitem Blick in die Zukunft gewachsen war. Zunächst führte ihn aber der Weg vom Bergbau zur allgemeinen Verwaltung. Er gestaltete sie von Hamm, Minden und Münster aus und führte dieses Gebiet als preußische Provinz zu einer westfälischen Einheit, zuletzt in der Doppelaufgabe als Präsident sowohl der Kriegs- und Domänenkammer zu Münster als auch in Hamm. Stein prägte Westfalen, und Westfalen prägte Stein. Die Ideen der Gemeinnützigkeit und des Bürgergeistes, Grundlagen seiner späteren Reformen, konnten in der Ausgewogenheit Westfalens besser gedeihen als in Altpreußen oder gar im östlichen Preußen. Zwei Unterbrechungen der Arbeit in Westfalen waren bedeutsam: Ein Auftrag führte Stein 1785 nach Mainz, um im Rahmen der Fürstenbundbestrebungen Friedrichs des Großen den Kurfürsten von Mainz von der österreichischen auf die preußische Seite herüberzuziehen. 1787 machte Stein eine Englandreise zum Studium der dortigen Berg-

und Hüttenwerke; umstritten ist, inwieweit das englische Staats- und Verfassungsleben damals schon bleibende Eindrücke auf ihn gemacht hat.

Die mit der Französischen Revolution von 1789 einsetzende Entwicklung hat Europa verändert und natürlich auch Steins weiteres Verhalten und Handeln maßgeblich beeinflußt. Geistig versuchte er der werbenden Kraft der Ideen der Französischen Revolution durch Intensivierung seiner Reformbemühungen entgegenzutreten. Politisch-militärisch stärkte er im Rahmen seiner Möglichkeiten den Widerstand gegen die herannahenden französischen Revolutionsheere, die ihm mit dem linken Rheinufer auch einen Teil seines Amtsbezirkes nahmen.

Der Frieden von Basel (1795), in dem Preußen die Preisgabe des linken Rheinufers bestätigte, wurde für Stein zu einem Schlüsselerlebnis, zum Anfang deutscher Unterwerfung, zum Beginn des Befreiungskampfes.

Als Siebenundvierzigjähriger verließ Stein Westfalen, um im Oktober 1804 in Berlin das Amt als Staatsminister für das Akzise- und Fabrikdepartement und wenige Tage später auch die Leitung der Bank- und Seehandlung zu übernehmen. Stein versuchte, gestützt auf seine an der Ruhr und im Westfalen gewonnenen Erfahrungen, der großen wirtschaftlichen und finanziellen Schwierigkeiten des preußischen Staates Herr zu werden. Wirtschaftsbelebung und — höchst bemerkenswert für jede Zeit — Gründung eines statistischen Büros, Kreierung des Papiergeldes, Abwehr der Inflation und Kontributionszahlungen an Frankreich, das war der zweite, nun für ganz Preußen wirksame Teil des wirtschafts- und finanzpolitischen Lebenswerkes des Freiherrn vom Stein. Es steht etwas im Schatten des Reformers, der in Berlin schnell, vielleicht zu schnell aktiv wurde. Er fand in der Zentralregierung nicht nur Gönner und Gleichgesinnte, der „Westfälinger" traf auch auf Neid, offenen und verdeckten Widerspruch und Widerstand, den sein Naturell durchaus auch zu provozieren in der Lage und bereit war.

Steins Reformstreben erstreckte sich nicht nur auf die eigene Verwaltung, die er sehr bald und mit Erfolg neu organisiert hatte, er hatte ein höheres Ziel: Er wollte Staat und Regierung modernisieren.

Mit seiner Denkschrift von 1806 zielte er auf eine Beseitigung der Kabinettsregierung und deren Ersatz durch ein Gremium verantwortlicher Fachminister.

Sie bringt ihn in Konflikt mit seinem König Friedrich Wilhelm III., und das in Preußens schwerer Stunde. Im August 1806 legt Kaiser Franz die römische Kaiserwürde nieder und führt damit das Ende des Heiligen Römischen Reiches Deutscher Nation herbei, im Oktober siegt Napoleon bei Jena und Auerstedt entscheidend über Preußen und verfügt von Berlin aus die Kontinentalsperre gegen England. Stein rettet die königlichen Kassen aus Berlin und gibt damit dem König die Möglichkeit, bis zum Frieden von Tilsit durchzuhalten. Im Hintergrund dieses Geschehens führt die Auseinandersetzung zwischen dem König und Stein Anfang Januar 1807 zu dessen Entlassung in Ungnade.

Entlassen von einem Staat, von einem Monarchen, der in tiefstes Unglück geraten war, zieht sich Stein ohne Resignation nach Nassau zurück, ordnet seine Erfahrungen in schöpferischer Weise und wird — welch ein Schicksal — unmittelbar darauf von ebendiesem Staat, diesem Monarchen in allen Ehren zurückgeholt, erhält alle Vollmacht, seine Ideen in die Tat umzusetzen! Das ist Steins Lebensepoche, die ihn weithin berühmt gemacht hat und die ihm Wirkung bis in unsere Gegenwart verleiht. Im Juni 1807 schrieb er das Reformkonzept nieder, das als Nassauer Denkschrift bekannt geworden ist. Am 9. Juli wurde zwischen Frankreich und Preußen der Frieden von Tilsit geschlossen. Eine seiner Bedingungen war der Rücktritt Hardenbergs von den Staatsgeschäften. Napoleon selbst schlug Freiherr vom Stein als Nachfolger vor. Stein eilte nach Memel, wohin sich die Regierung zurückgezogen hatte, und wurde am 3. Oktober 1807 vom König zum Staatsminister ernannt. Der neue Lenker der preußischen Politik war gewillt, sein Nassauer Reformprogramm zu verwirklichen. Eine Woche später bereits unterzeichente Stein das „Edikt, den erleichterten Besitz und den freien Gebrauch des Grundeigentums sowie die persönlichen Verhältnisse der Landbewohner betreffend." Das Gesetz beruhte hauptsächlich auf Vorarbeiten Freiherr von Schrötters für Ostpreußen, entsprach aber so vollständig den Ansichten Steins, daß dieser die Bauernbefreiung für ganz Preußen zum Gesetz machte.

Nächstes Reformziel waren die Zentral- und Provinzialbehörden sowie die entsprechenden untergeordneten Verwaltungsorgane. Ausgelöst durch die dringend reformbedürftigen Verhältnisse der Stadt Königsberg, der zweiten und zu dieser Zeit einzigen Haupt- und Residenzstadt Preußens, konzentrierten sich die Bemühungen Steins und seiner Mitarbeiter, des berühmt gewordenen Reformerkreises, auf die Städteordnung. Auf der Grundlage seiner Nassauer

Denkschrift trafen sich vor allem zwei Reformanstöße: aus dem Westen seine eigenen westfälischen Erfahrungen und die Arbeit seines ehemaligen Mitarbeiters, Westfalens Oberpräsident von Vincke, über die innere Verwaltung Englands und aus dem Osten die große Denkschrift des Königsberger Stadtverwaltungsdirektors Frey über „die Organisation der Municipalverfassung". In wenigen Monaten entstand ein umfangreiches Gesetz von mehr als 200 Artikeln. Am 19. November 1808 wurde die „Ordnung für sämtliche Städte der preußischen Monarchie" erlassen. Aus der „Commune" wurde, durch ausdrückliche Anordnung Steins, die „Gemeinde" mit einer bis dahin beispiellosen Abwägung zwischen Bürgerrecht und Bürgerpflicht, zwischen Gemeindefreiheit und Staatsaufsicht. Gerhard Ritters Urteil als Beispiel für viele: „Die geschichtliche Bedeutung der preußischen Städteordnung als erfolgreichste aller Reformtaten Steins ist längst in das Bewußtsein der ganzen Nation gedrungen. Der glänzende Aufschwung deutschen städtischen Lebens, der sich seither vollzogen hat, steht deutlich vor unser aller Augen, und denen, die am städtischen Wesen teilhaben, gilt heute Stein weit über Preußens Grenzen hinaus als der eigentliche Erneuerer deutscher städtischer Freiheit."

Die äußeren Umstände, wie die Städteordnung damals Gesetz wurde, sind interessant, weil sie die große Kluft zwischen geistigem Anspruch und der ganzen Ärmlichkeit der Verhältnisse jener Zeit charakterisieren. Ritter schildert sie anschaulich: Um Druckkosten zu sparen, ließ man dieses bedeutendste aller Reformgesetze als Zeitungsbeilage erscheinen, in vier Bruchstücken über den Monat Dezember verteilt, in elender Ausstattung, für die Behörden nachträglich zusammengeheftet!

Fünf Tage nach dem Erlaß der denkwürdigen Städteordnung wurde Staatsminister vom Stein aufgrund eines von der französischen Polizei abgefangenen Briefes unter dem Druck Napoleons zum zweiten Mal und nun für immer aus dem Preußischen Staatsdienst entlassen. In den Stunden, da dies geschah, unterzeichnete der König am 24. November 1808 noch ein letztes Werk seines großen Reformers, die „Verordnung, die veränderte Verfassung der Obersten Verwaltungsbehörde der preußischen Monarchie betreffend". Im Dezember folgte Napoleons Ächtung; Stein floh über Schlesien nach Böhmen.

Stein hatte nur 14 Monate an der Spitze der preußischen Politik gestanden, dennoch ein Zeitalter geprägt und Reformen bewirkt, die noch heute zählen. 51 Jahre war er bei seiner Entlassung alt, 23 Lebensjahre lagen noch vor ihm. Vor den Augen Europas ist er ausgewiesen als deutscher Gegenspieler Napoleons. Er blieb zunächst im böhmischen Exil, traf sich mit Schleiermacher, Hardenberg und Humboldt, beschäftigte sich erneut mit den philosophischen Schriften Kants, verfaßte Geschichtswerke — bis ihn Zar Alexander nach Rußland rief. Dort erlebte er die Schicksalswende Napoleons, und dort in Rußland versuchte er deutsche Politik zu machen. Vom September 1812 bis Februar 1815 schrieb Stein fünf Denkschriften über die deutsche Frage. 1813 kehrte er auf deutschen Boden zurück und übernahm im Auftrag der Verbündeten die Verwaltung der befreiten Gebiete. Er verstand darunter mehr als Kriegsverwaltung. Der Reformer in ihm lebte immer noch: Er wollte den deutschen Partikularismus überwinden. Die politischen Möglichkeiten Steins neigten sich jedoch dem Ende zu. Seine großen staatspolitischen Pläne im Zusammenhang mit der Befreiung erfüllten sich nicht, die Wirkung des Gegenspielers Metternich wurde immer spürbarer. Der Wiener Kongreß bestätigte dessen Vorstellungen vom Gleichgewicht der Mächte, die Restauration ließ dem liberalkonservativen Reformer Stein nur noch wenig Möglichkeiten.

1816 zog sich Stein auf Schloß Cappenberg in Westfalen zurück, nahm aber weiterhin lebhaften Anteil am öffentlichen Geschehen und geistigen Leben. Nichts bezeugt dies besser als die noch heute weiter gepflegte Sammlung „Monumenta Germaniae Historica", die — nach Goethes eigenen Worten — auf einer gemeinsamen Reise 1819 „unterwegs zwischen Nassau und Köln ausgeheckt" wurde und deren erster Band bereits sieben Jahre später erschien. Am 29. Juni 1831 starb Freiherr vom Stein in Cappenberg; einige Wochen später wurde er in der Familiengruft bei Nassau beigesetzt.

In der Literatur zieht Stein eine breite, tiefe Spur bis in unsere Tage. Seine größte Leistung, die er der deutschen Politik hinterlassen hat, die Tat, die bis in die Gegenwart hineinreicht, ist die Begründung der Gemeindeselbstverwaltung. Im Grunde genommen wird noch heute um eben das gerungen, was auch Stein bewegte und erstrebte und was er als Ziel in seiner Nassauer Denkschrift deutlich machte: „die Belebung des Gemeingeistes und Bürgersinnes, die Benutzung der schlafenden und falschgeleiteten Kräfte und der zerstreut liegenden Kenntnisse, der Einklang zwischen dem Geist der Nation, ihren Ansichten und Bedürfnissen und denen der Staatsbehörden." Fast noch besser drückten es ein Jahr später die Anfangsworte der großen Denkschrift Freys — wahrscheinlich unter der Mitwirkung Steins entstanden, da er in Königsberg im Hause Freys wohnte — aus, was die Reformer jener Zeit vor allem anstrebten: „Zutrauen veredelt den Menschen, ewige Vormundschaft hemmt sein Reifen, Anteil an den öffentlichen Angelegenheiten gibt politische Wichtigkeit, und je mehr diese an Umfang gewinnt, wächst das Interesse für Gemeinwohl und der Reitz zur öffentlichen Tätigkeit."

Das ist in erster Linie ein moralischer und erzieherischer Anspruch. Steins Belebung des Gemeingeistes und Bürgersinnes hat jedoch Kräfte freigelegt, die weit darüber hinaus wirkten und zur Blüte der Städte und zum Aufschwung des ganzen Landes führten. Es bestätigte sich, was schon das Mittelalter gezeigt hatte und was weitsichtige Fürsten konsequent und unbefangen für sich nutzten: Städte, die sich frei entfalten können, werden zum Motor der Wirtschaft und zu den Triebkräften für die Entwicklung des Landes. Was das Mittelalter an Selbstverwaltung hervorgebracht hatte, war durch den fürstlichen Absolutismus weitgehend zugeschüttet oder gar vernichtet worden. Steins große Leistung war es, diese Phase der europäischen Geschichte überwunden und der Freiheit neue Entwicklungsmöglichkeiten gegeben zu haben. Noch heute ist sichtbar, wo mittelalterliche Städteherrlichkeit, die es in weiten Teilen Europas gegeben hat, in zentralistischer und absolutistischer Gängelung erstarrt ist und wo Steins Idee der Gemeindeselbstverwaltung zur Wirkung kam.

Stehen die Gemeinden heute nicht vor ähnlichen Problemen? Drohen diese Kräfte nicht wieder lahmgelegt zu werden durch ein ständig steigendes Maß an staatlicher Bevormundung? Rührt Steins bleibender Ruhm nicht daher, daß seine Idee von immerwährender Aktualität ist? Gewiß, Steins Selbstverwaltung war eine ständische Selbstverwaltung; die Bürgerfreiheit war nicht eine Freiheit aller, sondern der Besitzbürger. Hier setzt auch die Kritik ein, vor allem jener, die bei Stein das Revolutionäre vermissen. Um Stein gerecht zu werden, muß er freilich an seiner Zeit gemessen werden und an seinen Gegnern. Während die einen beklagen, daß er die demokratischen Ideale der Französischen Revolution nicht voll übernommen hat, ist er für andere „ein preußischer Jakobiner". Tatsächlich wollte Stein schlicht national, liberal und fortschrittlich handeln, ohne Revolutionär zu sein. (1979)[9]

Bewahrung des Gleichgewichts zwischen Bund und Ländern

1955 konnte der Deutsche Städtetag auf sein fünfzigjähriges Bestehen zurückblicken. Die Hauptversammlung dieses Jahres wurde
aus diesem Anlaß in Frankfurt am Main festlich gestaltet. Die
Festrede hielt Bundespräsident Theodor Heuss über das Thema
„Die Stadt der Zukunft". Unter den zahlreichen Ehrengästen
befand sich auch der erste hauptamtliche Geschäftsführer des früheren Deutschen Städtetages, Alt-Reichskanzler Hans Luther.

Das halbe Jahrhundert Deutscher Städtetag war eine schicksals-
trächtige, wechselvolle Zeit gewesen: zwei Kriege, zwölf Jahre
Nationalsozialismus und dann mühsamer Wiederaufbau unter der
Besatzungsmacht. 1955 hatte sich der Deutsche Städtetag längst
wieder konsolidiert, die sachliche Arbeit war in vollem Gange, die
Organisation stand. Die Satzung wurde noch einmal mit Wirkung
vom 23. Juni 1956 geringfügig geändert: man verlängerte den
Hauptversammlungsturnus auf zwei Jahre. Eine gewisse Unruhe
entstand nur noch durch die Überlegungen zur Sitzverlegung von
Köln nach Berlin. „Der Wunsch nach der Wiedervereinigung
Deutschlands" und „der Gedanke, Berlin wieder voll den Charakter
der deutschen Hauptstadt zu geben", führten im Dezember 1956
den Hauptausschuß zu dem Beschluß, „den Sitz des Deutschen
Städtetages zu dem frühesten Zeitpunkt, den die sachliche Erfüllung seiner Aufgaben zuläßt, nach Berlin zurückzuverlegen." Die
Geschichte verlief anders, Bonn blieb Bundeshauptstadt, der Deutsche Städtetag sitzt nach wie vor in Köln — fühlt sich seiner Mit-
gliedstadt Berlin (West) deshalb aber nicht weniger verbunden.

Welchen Städten stand und steht der Deutsche Städtetag offen? Bei
der Gründung 1905 war an Städte mit mindestens 25 000 Einwohnern gedacht worden. Bereits 1921 wurde diese Grenze auf 10 000
Einwohner herabgesetzt und nach dem Kriege wurde die unmittelbare Mitgliedschaft sehr bald allen deutschen Städten geöffnet. Im
Geschäftsbericht 1956/57 (S. 5) steht als Bekenntnis: „Unser Ziel
bleibt unverrückbar, alle deutschen Städte im Deutschen Städtetag
zu vereinen." Im Mitgliedsbestand ist ein Vergleich zwischen
Vorkriegs- und Nachkriegszeit infolge der Teilung Deutschlands
kaum möglich. Anfang der dreißiger Jahre, gegen Ende des ersten

40

Deutschen Städtetages, waren rund 300 Städte unmittelbare und alle regionalen Städteverbände mit insgesamt 950 Städten mittelbare Mitglieder. 1955 war der neue Deutsche Städtetag bereits wieder auf 135 unmittelbare Mitgliedstädte, 258 mittelbare Mitglieder durch die Landesverbände sowie fünf außerordentliche Mitglieder angewachsen. Jetzt, nach 25 Jahren, sind es 138 unmittelbare Mitgliedstädte (die drei Stadtstaaten, die 89 kreisfreien Städte und 46 kreisangehörige Städte), 11 Mitgliedsverbände mit 402 mittelbaren Mitgliedstädten und acht außerordentlichen Mitgliedern. Ein Vergleich der Städtezahlen ist auch jetzt kaum möglich, weil in dieser Zeit die große kommunale Neugliederung stattgefunden hat. Mehr sagt deshalb ein Vergleich der repräsentierten Bevölkerung aus: 22 Mill. = 41% der Bevölkerung waren es 1955, 31,5 Mill. = 51% der Bevölkerung sind es derzeit.

Beim Aufbau der Organisation und der Organe stand man vor der schwierigen Aufgabe, zwei gegensätzliche Kräfte zu vereinen. Einmal galt es der Tatsache gerecht zu werden, daß die Landesstädtetage und -verbände zuerst entstanden und vor der Organisation auf Reichsebene vorhanden waren, ein Vorgang, der sich nach 1945 weitgehend im Verhältnis zwischen Bundesländern und Bundesebene wiederholte und der föderalistischen Struktur der Bundesrepublik auch entsprach. Zum anderen war dem Verlangen deutscher Städte zu entsprechen, über Landesgrenzen hinweg verbunden zu sein und mit der Reichs- bzw. Bundesebene unmittelbare Beziehungen unterhalten zu können; immerhin war diesem Verlangen bei den freien Riechsstädten schon Rechnung getragen worden! Beiden Erfordernissen wurde satzungsrechtlich mit einer geschickten Konstruktion aus unmittelbarer Mitgliedschaft und Landesverbandszuständigkeiten entsprochen. Jede Bevorzugung einer der beiden Komponenten würde zu Schwierigkeiten führen, die Bewahrung des Gleichgewichts gehört zu den Führungsaufgaben in der deutschen Städteorganisation. (1980)[10]

Kleine Bilanz der Städtetagsarbeit

Blickt man auf die Städtetagsarbeit der letzten Jahrzehnte zurück und sucht die große Linie, dann kommt das Jahr 1960 ins Blickfeld. Eine bemerkenswerte Hauptversammlung in Augsburg brachte die Stadterneuerung ins Bewußtsein der Politik und der Öffentlichkeit; ein Personalschub brachte vor allem auch im Präsidium frisches Blut: die Finanzreform wurde wieder angekurbelt. Insbesondere aber wurde die Öffentlichkeitsarbeit intensiviert und nach neuen Methoden konzipiert. Die Bemühungen waren hauptsächlich auf die Gemeindefinanzen im allgemeinen und auf die Finanzierung des über Jahrzehnte vernachlässigten innerstädtischen Verkehrsausbaus im besonderen gerichtet. 1967 war die Verkehrsfinanzierung. 1969 die Gemeindefinanzreform einigermaßen erreicht. 1971 wurde in der Münchener Hauptversammlung mit dem Appell „Rettet unsere Städte jetzt!" die Stadtpolitik erneut untermauert. Damit in der Städtetagsarbeit keine Einseitigkeit entsteht, wurde Mitte der siebziger Jahre die Betreuung der kleineren und mittleren Städte durch organisatorische und materielle Maßnahmen akzentuiert. Ende der siebziger Jahre entbrannte ein heftiger Kampf um die Lohnsummensteuer. Diese Steuer ging für die Gemeinden leider verloren, die Ersatzregelung folgte aber nicht dem unzulänglichen Finanzausgleichskonzept der Bundesregierung, sondern dem steuerrelevanten Vorschlag des Städtetages; erstmals wurde die mit der Gemeindefinanzreform von 1969 geschaffene unmittelbare Finanzbeziehung zwischen Bund und Gemeinden durch Veränderung der Gewerbesteuerumlage und des Einkommensteueranteils praktiziert.

Die Gemeindefinanzen waren seit der Erzbergerschen Finanzreform von 1919/20 immer ein Schwerpunkt der Städtetagsarbeit. Der Städtetag muß auch stets bemüht bleiben, finanziellen Schaden von den Städten abzuwenden, und er muß dafür sorgen, daß ihnen ausreichend Finanzmittel für die Aufgabenerfüllung zur Verfügung stehen. Das Hauptaufgabenfeld des Deutschen Städtetages war, ist und bleibt aber die Verteidigung der städtischen Selbstverwaltung als Prinzip. Diese Zielsetzung muß im Verein mit den Städten mit allen zur Verfügung stehenden politischen Mitteln verfolgt werden, notfalls auch mit Hilfe der rechtsprechenden Gewalt. Dieser Weg zum Schutze des gemeindlichen Selbstverwaltungsrechts mußte in neuerer Zeit mehrmals beschritten werden.

Der Verfassungsgerichtshof Nordrhein-Westfalen betont insbesondere in seiner Entscheidung vom 11. Juli 1980 zu Recht den absoluten Vorrang des gemeindlichen Selbstverwaltungsrechts gegenüber dem Selbstverwaltungsrecht der Kreise und sonstigen Gemeindeverbände. Zu dieser für die kommunale Praxis äußerst bedeutsamen Rechtsfrage erinnert der Verfassungsgerichtshof an den Wortlaut des Art. 28 II GG und stellt klar, daß das Grundgesetz eben nur den Gemeinden das Recht gewährleiste, alle Angelegenheiten der örtlichen Gemeinschaft in eigener Verantwortung zu regeln, während den Kreisen das Recht der Selbstverwaltung nur im Rahmen ihres gesetzlichen Aufgabenbereichs zugestanden sei. Große Bedeutung kommt bei dieser Frage auch dem Verweis des Verfassungsgerichtshofs auf die genannte Entscheidung des OVG Lüneburg zu, in der klargestellt ist, daß sich die Bedeutung des Art. 28 II GG gerade nicht nur im Verhältnis zwischen Staat und Kommunen erschöpft, sondern auch unmittelbare Auswirkungen im Verhältnis zwischen Gemeinden und Kreisen zeitigt.

Die Urteile zeigen klar, welche wichtige Rolle der Rechtsprechung bei der Wahrung und dem Schutz der verfassungsrechtlichen Institution der Gemeindeselbstverwaltung zukommt. Wahrung und Schutz dieser unserer Gemeindeselbstverwaltung soll weiterhin die wichtigste Aufgabe des Deutschen Städtetages sein.

Was ist der Ertrag der Städtetagsarbeit? Wie sieht die Bilanz für die Städte aus? Der Deutsche Städtetag würde zum Interessenverband absinken, wenn seine Tätigkeit lediglich an dem — reichlich vorhandenen — materiellen Nutzen der einzelnen Stadt gemessen würde. Seine Funktion geht weit darüber hinaus, obwohl auch diese kleinere Rechnung mit zahlreichen Beispielen aufgemacht werden könnte. Die Rechnung für die deutschen Städte lautet aber anders. Sie wurde richtig aufgestellt z.B. in der 80. Hauptausschußsitzung im Herbst 1970 in Trier, in der der 25. Wiederkehr der Neugründung des Deutschen Städtetages nach dem Kriege gedacht wurde. Der amtierende Präsident Alfred Dregger deutete damals diese 25 Jahre als einen ständigen Kampf der gemeindlichen Selbstverwaltung gegen Zentralismus und für eine ausreichende Finanzausstattung und erklärte: „Ohne den Deutschen Städtetag wäre die kommunale Sache wohl weitgehend verloren, ohne den Deutschen Städtetag wäre die kommunale Sache für die Zukunft nicht zu halten. Die Erinnerung an die 25 Jahre sollten uns bestärken, die Selbstverwaltung weiter zu verteidigen und den Deutschen Städtetag als Instrument stark zu machen und stark zu halten."

Oder wie in der 6. Hauptversammlung 1971 in München der frischgewählte Präsident Hans Koschnick erklärte: „Der Deutsche Städtetag ist in den letzten 25 Jahren stets mehr gewesen als ein neutrales Forum für den mehr oder weniger unverbindlichen kommunalpolitischen Gedankenaustausch. Er hat sich immer verstanden als eine dynamische, aktiv in das politische Geschehen eingreifende Kraft: und er hat auch deswegen Erfolg in seinen Bemühungen gehabt, weil er es verstanden hat, sich freizuhalten vom Verdacht, nichts weiter zu sein als ein Organ zur Durchsetzung von Gruppeninteressen. Der Respekt und die Anerkennung, die man ihm zollt, die gewachsene Einsicht in die für das Ganze unentbehrliche Funktion der großen Städte, sind das Resultat gemeinsamer Arbeit."   (1980)[11]

Kommunalpolitik und Mittelstandspolitik — zwei Seiten einer Medaille

„Die meisten Städte sind aufgrund der Gegebenheiten des Verkehrs als Stätten des Marktes sowie als Zentren der Wirtschaft und der Kultur entstanden. Sie wurden Orte der Produktion und des Austausches wirtschaftlicher Güter und Sammelpunkte des geistigen Lebens, ihre Ausstrahlung reicht weit über ihre Grenzen hinaus. Die Entwicklung der Stadt ist unter das Gesetz der Wirtschaft gestellt." Wenn man Stadt und Gemeinde in dieser (1960 formulierten) Weise versteht, dann wird deutlich, daß Kommunalpolitik und Mittelstandspolitik mehr miteinander verbindet als nur der gemeinsame Nenner „Wirtschaft". Kommunalpolitik, d.h. die der Abgrenzung und Erfüllung der Gemeindeaufgaben gewidmete Gesetzes- und Verwaltungstätigkeit auf der einen Seite und der hier vielfach beschriebene Mittelstandspolitik auf der anderen Seite sind zwei Bereiche mit vielen Gemeinsamkeiten.

In der Geschichte waren beide Bereiche, wie die deutsche Rechtsgeschichte lehrt, zeitweise sogar eine Einheit. Vom 13. Jahrhundert ab verlor der Adel seine beherrschende Stellung in den Städten und mußte vor den Zünften zurückweichen. Es kam zu den „inneren Verfassungskämpfen der Städte, die im 14. Jahrhundert zu einer mehr oder minder ausgeprägten Demokratisierung des Stadtregimentes (Zunftverfassung) führen. . . . Im 14. Jahrhundert tobten fast in allen Städten Zunftkämpfe; sie führten zu einer ‚Demokratisierung' der Stadtverfassung, am vollständigsten da, wo der ganze Rat zünftisch wurde und nur noch der Eintritt in eine Zunft den Weg in die Politik eröffnete."

Es ist hier nicht der Platz, den langen geschichtlichen Weg von den Zünften über die zu Beginn des 19. Jahrhunderts eingeführte Gewerbefreiheit bis hin zum heutigen modernen Mittelstandsbegriff aufzuzeigen. Wesentlich ist die Erkenntnis, daß es für beide Bereiche in der deutschen Geschichte eine sehr enge Bindung bis hin zu einer Identität gab. Obwohl wir heute in der Bundesrepublik keinen Ständestaat mehr vorfinden, sondern ein Gemeinwesen, das dadurch gekennzeichnet ist, daß politische Macht durch Wahlen delegiert wird und eine strenge Gewaltenteilung herrscht, stehen sich auch in den modernen Formen Gemeinde und Mittelstand nicht als Gegensatz gegenüber, sondern weisen in vielerlei Hinsicht Gemeinsamkeiten auf.

Vielfach gleichgelagerte Interessenkonstellationen vor Ort sind ein Kennzeichen solcher Gemeinsamkeiten. Mittelstand und Kommune haben beide ein Interesse daran, daß z.B. bei der Erstellung eines Bebauungsplanes die Belange beider Betroffenen, also sowohl der Stadt als auch der Gewerbetreibenden, sinnvoll aufeinander abgestimmt werden. Gemeinsame Interessen gibt es auch bei der kommunalen Wirtschaftsstrukturpolitik. Es zeigt sich z.b. immer wieder, daß Städte klug beraten sind, die sich nicht allein auf die Steuerkraft eines einzigen Großunternehmens verlassen, sondern beizeiten für eine strukturelle Ausgewogenheit und Leistungsfähigkeit der innerhalb der Gemeindegrenzen angesiedelten Unternehmen gesorgt haben. Die Erhaltung und Förderung von kleinen und mittleren Betrieben zur Heranbildung einer breiten Branchenstruktur und damit zur Sicherung von Arbeitsplätzen war seit jeher ein wichtiges Ziel der Kommunalpolitik. Dieses Ziel gewinnt sogar noch zunehmend an Bedeutung, wenn man in Rechnung stellt, daß Großunternehmen in immer stärkerem Maße auf weitgehend mittelständische Zuliefererbetriebe angewiesen sind.

Ein weiteres Element der Gemeinsamkeit sind die vielfachen personellen Verbindungen und Identitäten zwischen Vertretern des Mittelstandes und der Kommunalpolitik. Die besondere Verwurzelung des Mittelstandes mit der jeweiligen Gemeinde, in der das Unternehmen seinen Sitz hat, hat seit jeher dazu beigetragen, daß sich Angehörige des Mittelstandes stark für „ihr" Gemeinwesen interessiert und engagiert haben. Gerade in dieser Beziehung ist der Mittelstand der Großindustrie überlegen. Dort gewinnen in der Regel die weit verstreuten Aktionäre und Gesellschafter und die häufig wechselnden Manager verhältnismäßig wenig Verbindung zu ihrer Stadt. Die mittelständischen Unternehmen sind demgegenüber personell in ihrer Stadt und Gemeinde präsent, damit erheblich stärker an der Kommunalpolitik interessiert und erfreulicherweise, wie auch der hier zu Ehrende schon in zweiter Generation bewiesen hat, zur Übernahme von kommunalen Ämtern bis hin zur bürgerschaftlichen Repräsentanz der gesamten Stadt bereit. In der persönlichen kommunalen Bindung des Mittelstandes liegt eine seiner Stärken.

Die zweite Seite der einen Medaille kommt auch in den unmittelbaren wirtschaftlichen Verbindungen und Abhängigkeiten zum Ausdruck. Es existiert eine sehr starke zweiseitige Interessenbeziehung zwischen Gemeinde und ortsansässiger Wirtschaft. Die Gemeinde schafft einen Großteil der unmittelbaren infrastrukturellen Voraussetzungen (Verkehrsanbindung, Versorgung, Entsorgung) für die Leistungserstellung der ortsansässigen Wirtschaft. Außerdem kommen Leistungen, die nicht unmittelbar für die Wirtschaft erbracht werden, zum Teil ebenfalls den Betrieben am Ort zugute. Dies gilt zum Beispiel für gute Ausbildungsmöglichkeiten, aber auch — in einem weiteren Sinne — für alle Leistungen, die die Attraktivität einer Stadt erhöhen. Sie verbessern zum einen die Chancen, qualifizierte Arbeitskräfte zu bekommen, zum anderen dürften sie in der Regel zu Vorteilen auf Bezugs- und Absatzmärkten führen.

Als besonders wichtige Leistung in der modernen Wirtschaft gilt die Versorgung mit Kapital und die Anbietung der damit zusammenhängenden Dienstleistungen. Auch in dieser Beziehung tritt die Stadt in Erscheinung, und zwar in Form der kommunalen Sparkassenorganisation. Nach dem modernen Verständnis der deutschen Sparkassen ist es ihre Aufgabe, der mittelständischen Wirtschaft Kapital in ausreichendem Umfang zur Verfügung zu stellen. Diese Aufgabe ist von einer so großen Bedeutung, daß sie sogar im Sparkassengesetz des Landes Nordrhein-Westfalen gesetzlich verankert wurde. Dort heißt es in § 3, daß „die Kreditversorgung vornehmlich der Kreditausstattung des Mittelstandes sowie der wirtschaftlich schwächeren Bevölkerungskreise" dient. Die kommunalen Kreditinstitute tragen auf diese Weise dazu bei, den Wettbewerbsvorsprung der Großindustrie in Form einer besseren Kapitalausstattung zugunsten der mittelständischen Wirtschaft wieder auszugleichen. Kapitalbildung und -bindung im eigenen Gebiet der kommunalen Gewährträgerschaft ist der tiefere Sinn der kommunal fundierten Sparkassenorganisation.

Gemeinde und mittelständische Wirtschaft sind vielfach und vielseitig auch durch gegenseitige Abhängigkeit miteinander verbunden. Es wäre gewiß eine falsche Betrachtung, wenn lediglich das Geld als Bindemittel zwischen Gemeinde und Wirtschaft gewertet würde. Allerdings kann die verbindende Wirkung der Finanzen auch nicht geleugnet werden. Hierbei stehen die Steuern, und in diesem Rahmen für die Städte und Gemeinden die Gewerbesteuer, im Mittelpunkt des Interesses und der Diskussion. Jenseits aller verständlichen negativen Empfindungen, die die Steuerpflicht naturgemäß hervorruft, muß bei richtiger Betrachtung und richtiger Handhabung die Gewerbesteuer als Interessenklammer zwischen Gemeinde und ortsansässiger Wirtschaft gewertet werden. Besonders für die große Städte stellt die Gewerbesteuer in der Regel die Haupteinnahmequelle dar, und dies um so mehr, je größer die Verluste der großen Kernstädte aufgrund von Stadt-Umland-Wanderungen sind. Denn diese Städte verlieren mit der Einwohnerwanderung in die Umlandgemeinden und der damit verbundenen Verschlechterung der Einkommenstruktur der verbleibenden Wohnbevölkerung Einnahmen sowohl aus dem wohnsitzbezogenen Gemeindeanteil an der Einkommensteuer als auch aus Schlüsselzuweisungen, für die die Einwohnerzahlen von entscheidender Bedeutung sind. Dies macht das besondere Interesse deutlich, das gerade die großen Kernstädte an der ortsansässigen mittelständischen Wirtschaft haben. Infolgedessen liegt eine Überforderung der steuerpflichtigen Betriebe ebensowenig im Interesse der Gemeinden, wie eine Aushöhlung der kommunalen Steuerkraft durch eine falsche Steuerpolitik im Interesse der Wirtschaft liegen kann. Das Interesse der Gemeinde am Wohlergehen der ortsansässigen Wirtschaft korrespondiert mit dem Interesse der Wirtschaft an der Leistungsfähigkeit und Attraktivität der Gemeinde.

Mittelstandspolitik und Kommunalpolitik, zwei Seiten einer Medaille: Trotz vieler Gemeinsamkeiten, Verflechtungen und Abhängigkeiten handelt es sich um zwei getrennte Bereiche, für die es zu respektierende Grenzen gibt. Der frühere Kommunalpolitiker Günter Rinsche hat eine Grenze deutlich aufgezeigt: „Wesentlich für die kommunale Mittelstandspolitik in unserem Sinne ist der Grundsatz, daß mittelständische Unternehmen nur insoweit förderungswürdig sind, als sie Funktionen und Aufgaben im gesellschaftlichen und wirtschaftlichen Leben einer Gemeinde übernehmen, die — unter wirtschafts-, finanz- und gesellschaftspolitischen Aspekten — nicht von anderen Institutionen besser erfüllt werden können. Mittelstandspolitik ist somit keine ‚Schutz- und Abschirmungspolitik um jeden Preis'".

Auch bei Beachtung dieser Grenzen können Kommunalpolitik und Mittelstandspolitik jeweils viel füreinander und zum gemeinsamen Wohl und Nutzen tun. (1982)[12]

Alfred Dregger und Hans-Jochen Vogel — Gemeinsamkeiten

Der Antrittsbesuch des neuen Vorsitzenden der SPD-Bundestagsfraktion, Dr. Hans-Jochen Vogel, beim Vorsitzenden der CDU/ CSU-Bundestagsfraktion, Dr. Alfred Dregger, im März 1983 zeigt mehr als den freundlichen PR-Händedruck zweier prominenter Parlamentskollegen, die sich im übrigen politisch nichts schenken. Es zeigt das Wiedersehen der zwei Jurastudenten Dregger, geboren 1920, und Vogel, geboren 1926, die sich nach dem Krieg an der Universität Marburg erstmals begegneten und in gemeinsamer Diskussionsrunde die Köpfe heißredeten. Nach dem Studium gingen die Wege auseinander, sowohl räumlich wie politisch. Dregger wandte sich der CDU zu, Vogel der SPD. Aus ganz verschiedenen Räumen der Bundesrepublik neigte sich aber die Laufbahn der beiden wieder aufeinander zu.

Dr. Dregger kam schon bald mit dem Deutschen Städtetag in Berührung, nämlich 1954 als Referent der Hauptgeschäftsstelle. 1956 wurde er Oberbürgermeister von Fulda, damals Deutschlands jüngster OB. Dr. Vogel wanderte nach Süden, wurde Amtsgerichtsrat zunächst in Traunstein, dann in der Bayerischen Staatskanzlei in München. 1958 erfolgte die Wahl zum Rechtsreferenten der Stadt München und 1960 zum Oberbürgermeister dieser Stadt, damals Deutschlands jüngster OB.

Wenige Wochen später, am 1. Juni 1960, zogen beide gleichzeitig in das Präsidium des Deutschen Städtetages ein. 1965 wurde Dr. Dregger Präsident des Deutschen Städtetages, Dr. Vogel Stellvertreter des Präsidenten. Ende 1970 verabschiedete sich Alfred Dregger von der Kommunalpolitik und vom Deutschen Städtetag, nicht ohne seine Funktion als Amtierender Präsident an Hans-Jochen Vogel weiterzugeben. Aber schon kurz darauf, im Frühjahr 1972, zog sich auch Vogel aus dem Amt als Oberbürgermeister von München zurück. Beide gingen in die Politik, und der Deutsche Städtetag ehrte im Mai 1973 seine beiden prominenten, noch jungen AltOberbürgermeister durch die Wahl zu — den einzigen — Gastmitgliedern des Präsidiums.

Auch der politische Weg weist viele parallele Stationen auf. 1967 hatte Dregger den CDU-Landesvorsitz in Hessen übernommen. 1972 übernahm Vogel den SPD-Landesvorsitz in Bayern. 1972 wurde Dregger Mitglied des Deutschen Bundestages, Vogel Bundesbauminister. Nach verschiedenen politischen Engagements der beiden im Bund und in den Ländern Hessen (Dregger) und Berlin (Vogel) näherte sich die berufliche Lebenskurve im Herbst 1982 wieder sehr stark. Im Oktober 1982 wird Alfred Dregger Vorsitzender der CDU/CSU-Bundestagsfraktion und damit führender Mann in der Union, im März 1983 übernimmt Hans-Jochen Vogel dieselbe Funktion bei der SPD-Bundestagsfraktion. Erfahrene Oberbürgermeister, bewährte Präsidenten des Deutschen Städtetages, Politiker, die ihr Handwerk in der Kommunalpolitik von der Pike auf gelernt haben, nunmehr als Führer der beiden großen Fraktionen des bundesdeutschen Parlaments, das läßt hoffen.

(1983)[13]

Demontage des Städtetages 1933

Der Deutsche Städtetag hat in dieser Hinsicht ein ähnliches Schicksal wie die städtischen Rathäuser erlitten. In den Jahren bis 1933 hatte er in zunehmendem Maße von dem Engagement der ihn in seinen Gremien tragenden Vertreter aus den Mitgliedsstädten gelebt. Das Bedürfnis nach Informations- und Erfahrungsaustausch, das anfänglich bei den bereits Ende des vorigen Jahrhunderts ins Leben gerufenen Landes- und Provinzialstädtetagen und auch noch 1905 bei der Gründung des Deutschen Städtetages (DST) im Vordergrund stand, war inzwischen in seinem Stellenwert etwas relativiert worden durch die sehr viel wichtigere politische Aufgabe der Wahrung und Vertretung der Interessen der Städte gegenüber dem Staat. Dies war im betont pluralistisch verfaßten Weimarer Staat möglich — aber aus der Sicht der kommunalen Selbstverwaltung auch nötig geworden. Während in den ersten Jahren ihres Bestehens die erfolgreiche Tätigkeit der Berliner Zentralstelle des DST noch an der Zahl der den Mitgliedern erteilten Auskünfte gemessen wurde, sah der Erste Weltkrieg die Vertreter der Städte bereits auch als unentbehrliche Gesprächspartner der staatlichen Behörden. Während der Weimarer Zeit diente dann der DST den Städten als Sprachrohr und Vehikel zur Mitgestaltung der innenpolitischen Verhältnisse — entsprechend der von der kommunalen Selbstverwaltung vertretenen These eines auf den drei Säulen Reich, Länder und Gemeinden ruhenden Staatswesens. Und obwohl der DST nicht mit Kritik an Reich und Ländern sparte, zeichnete sich bei diesen eine wachsende Bereitschaft ab, den DST als Kooperationspartner zu akzeptieren.

Diese Entwicklung war nicht zuletzt darauf zurückzuführen, daß die politische Linie des DST von hervorragenden Persönlichkeiten gestaltet und vertreten wurde. Dies geschah in den Vorstandsgremien und in den Ausschüssen, in denen neben den Stadtoberhäuptern auch fachlich hervorragend qualifizierte Dezernenten mitwirkten. Zum eigentlichen Führungsorgan des DST entwickelte sich in dieser Zeit der sogenannte Engere Vorstand; die in ihm vertretenen Oberbürgermeister der größten Städte waren gleichzeitig Exponenten der in der Kommunalpolitik dominierenden politischen Richtungen und sorgten auch für eine gewisse regionale

Ausgewogenheit. Dieses Gremium hatte Mitte der zwanziger Jahre eine Entscheidung von weittragender verbandspolitischer Bedeutung getroffen: die Verpflichtung von Oskar Mulert, dem damaligen Leiter der Kommunalabteilung im Preußischen Innenministerium zum neuen Leiter der gemeinsamen Geschäftsstelle von Preußischem und Deutschem Städtetag. Seine Position, die mit „Präsident des Deutschen Städtetages" umschrieben wurde — daneben gab es weiterhin den ehrenamtlichen Vorsitzenden — machte deutlich, welche gewichtige Funktion ihm und der unter ihm agierenden Geschäftsstelle in Berlin zugedacht war. Die Geschichte des Städtetages jener Jahre lehrt, daß Mulert die in ihn gesetzten Erwartungen erfüllt und im Zusammenwirken insbesondere mit dem Engeren Vorstand die Interessen der Städte im Rahmen des Möglichen erfolgreich vertreten hat.

Diese günstige Konstellation ging 1933 zwangsweise in die Brüche. Der beteiligte Personenkreis war weitgehend unter den Funktionsträgern zu finden, die im Zuge der Machtergreifung von den Nationalsozialisten aus ihren Ämtern vertrieben wurden und damit auch ihr Städtetagsmandat verloren. Die Ausschaltung der demokratischen Kommunalpolitiker bedeutete gleichzeitig eine radikale Abkehr von den bis dahin geltenden Prinzipien der kommunalen Selbstverwaltung. Im Weimarer Staat war ihr ein — im einzelnen zwar umstrittener, insgesamt aber doch kalkulierbarer — verfassungsmäßig abgesicherter Handlungsraum zugewiesen. Der von den Nationalsozialisten propagierte und intendierte totale Staat war nicht gewillt, solche autonomen Teilräume zu tolerieren. Da der DST ein Produkt der auf offene politische Auseinandersetzung in Staat und Gesellschaft angelegten Weimarer Republik war, mußte die Gleichschaltung aller Bereiche im Zuge der Machtergreifung demnach nicht nur zu personellen Veränderungen führen, sondern den Städtetag auch seiner politischen Funktion berauben.

Gleichschaltung fand konsequenterweise auch im Städtetag statt. Gemessen an den im ganzen Reich reichsweiten Ereignissen war sie wenig spektakulär, verlief ohne Widerstand und Gewaltanwendung und unter Ausschluß der Öffentlichkeit. Mit den ehrenamtlichen DST-Delegierten wurde in den Mitgliedsstädten abgerechnet — für den Verband mit Sitz in Berlin waren sie ganz einfach nicht mehr da; Vergleichbares galt für die Landes- und Provinzialstädtetage. Der Respekt vor dem verdienstvollen Wirken der Städtetagsdelegierten für die Solidargemeinschaft der Städte gebietet es an dieser Stelle, die Ereignisse dennoch in groben Zügen nachzuzeichnen.

Die erste Sitzung von Engerem Vorstand und Gesamtvorstand nach der Bestellung des Reichskabinetts Hitler/Papen fand am 2./3. Februar 1933 in Berlin statt. Von den kommenden umstürzenden Ereignissen konnte man sich in den Gremien keine Vorstellung machen, natürlich auch nicht davon, daß es die letzte Sitzung des Gesamtvorstandes des Städtetages für lange Zeit sein sollte. Die neue Regierung gab nach überwiegender Ansicht keinen Anlaß zu Optimismus. Dennoch wurde auch ihr wie schon den vorangegangenen Reichskabinetten die Stabilisierung der Gemeindefinanzen als wichtigste Aufgabe zur Behebung der Notlage der Städte ans Herz gelegt. Ohne konkrete Beschlüsse ging man im übrigen auseinander; man wollte abwarten.

Währenddessen schlugen die Nationalsozialisten zu. In Preußen wurden, wie erwähnt, die kommunalen Vertretungskörperschaften aufgelöst und Neuwahlen ausgeschrieben. Damit war den Städtetagspolitikern die ihre Funktion legitimierende Grundlage vorübergehend entzogen. Im Hinblick auf die Reichstagswahlen, die für den 5. März angesetzt waren, schien es ohnehin geraten, eine Klärung der Situation abzuwarten. Im Leitartikel des Märzheftes der Zeitschrift „der städtetag", die unmittelbar vor den Kommunalwahlen erschien, gab Mulert einen Ausblick auf die „entscheidenden Gemeindewahlen in Preußen". Auch aus seinen Ausführungen ist eine abwartende Haltung zu spüren, noch keineswegs aber eine einseitige Fixierung auf die NSDAP. Über die Auflösung der kommunalen Vertretungskörperschaften wurde sachlich, d.h. ohne Wertung, berichtet. Noch ging man davon aus, daß die Städtetagsarbeit nach den Wahlen in der bisherigen Weise fortgeführt werden könnte.

Dies sollte sich als Irrtum erweisen. Im Zusammenhang mit den Reichstags- und Kommunalwahlen erfolgte allerorten der Sturm auf die Rathäuser und die Absetzung der demokratischen Stadtoberhäupter. Von den damaligen Mitgliedern des Engern Vorstandes des DST betraf dies Adenauer/Köln, Brauer/Altona, Heimerich/Mannheim, Külz/Dresden, Landmann/Frankfurt, Lohmeyer/Königsberg, Luppe/Nürnberg und Scharnagl/München. Auch der Gesamtvorstand war durch Amtsenthebungen zahlreicher weiterer seiner Mitglieder praktisch arbeitsunfähig geworden; die noch verbliebenen Mitglieder der beiden Gremien konnten sich nicht mehr legitimiert fühlen, den Städtetag zu vertreten. Als sich der Engere Vorstand am 17. März letztmalig in Berlin zusammenfand, geschah dies, um die organisatorische Anpassung des DST an die inzwischen eingetretene Entwicklung zu beraten. Anwesend waren von der alten Mannschaft vermutlich noch die Oberbürgermeister Sahm/Berlin (der Vorsitzende des DST), Goerdeler/Leipzig, Jarres/Duisburg, Lautenschlager/Stuttgart und Rive/Halle, außerdem Präsident Mulert. Gewissermaßen als Sachwalter des DST beschlossen sie, eine interimistische Lösung im Benehmen mit den sich formierenden, korrespondierenden NS-Instanzen anzustreben. Sie konstituierten sich zu einem Arbeitsausschuß, zu dem sie eine Reihe von inzwischen neu ernannten nationalsozialistischen Oberbürgermeistern bzw. Staatskommissaren kooptierten.

Schon bald zeigte sich, daß die Erwartung trog, auf diese Weise die neuen Vertreter auf eine traditionelle verbandspolitische Linie festlegen zu können. Da half es auch nichts, daß Mulert in einer offiziellen Verlautbarung über die erste Sitzung dieses Arbeitsausschusses am 28. März die nunmehr erfolgte Gleichschaltung des DST mit Reich und Ländern feststellte und erklärte, der Städtetag würde sich voll und ganz in den Dienst der nationalen Regierung stellen. Die nationalsozialistischen Vertreter ließen sich nicht einbinden; diese Erfahrung mußten ihre konservativen Koalitionspartner auch im Städtetag machen. Während sie im Arbeitsausschuß einvernehmliches Handeln praktizierten, wurde von der NS-Führung hinter den Kulissen der Zusammenschluß der kommunalen Spitzenverbände beschlossen und ohne weitere Konsultation der noch verbliebenen Städtetagspolitiker organisatorisch und personell in die Wege geleitet.

Als die Vorsitzenden und Geschäftsführer der kommunalen Spitzenverbände sich auf Einladung des Reichsorganisationsleiters der NSDAP, Robert Ley, am 22. Mai zu einer Zusammenkunft einfanden, wurde ihnen kurzerhand eine Erklärung zur Unterschrift vorgelegt, durch die sie sich verpflichteten, ihre Verbände in eine zu bildende Einheitsorganisation, den „Deutschen Gemeindetag", zu überführen. Die Version, die Betroffenen hätten sich dazu „freudig bereit erklärt", entsprach sicher nicht den Tatsachen. Später wurde der Vorgang zutreffender als revolutionärer Akt dargestellt. Jedenfalls aber sahen Sahm und Mulert, die den Städtetag vertraten, keine Möglichkeit, ihre Unterschrift zu verweigern — zumal ihnen von Ley bedeutet wurde, daß dies den Gang der Dinge ohnehin nicht würde aufhalten können. Spätestens zu diesem Zeitpunkt mußte Mulert klargeworden sein, daß auch er ausgespielt hatte. Die Bestätigung erfolgte für ihn persönlich auf dem Fuß: Unter dem obligaten Korruptionsvorwurf wurde er erst beurlaubt und dann sogar fristlos entlassen. Das Strafverfahren mußte zwar bald darauf wieder eingestellt, die fristlose Kündigung wieder zurückgenommen werden. Einen Weg zurück in seine Stellung aber gab es natürlich nicht mehr. Denn mit der vollzogenen Gleichschaltung der kommunalen Spitzenverbände stand eine neue Führungsmannschaft schon bereit und übernahm auch sogleich die Geschäfte.

(1983)[14]

Kommunale Selbstversicherung
Teil der kommunalen Selbstverwaltung

Es sind fast auf den Tag genau fünf Jahre, die die Gründungen des Kommunalen Schadenausgleichs westdeutscher Städte (KSA) und des Deutschen Städtetages (DST) zeitlich auseinanderliegen. Der 5. Dezember 1910 ist Ihr Datum, der 27. November 1905 ist das Gründungsdatum des Deutschen Städtetages. Es kann kein Zufall sein, daß mit dem beginnenden zwanzigsten Jahrhundert die städtische Selbstverwaltung neue organisatorische Formen fand.

Für sie, für die kommunale Selbstversicherung der Städte war es ein Anfang. Für uns, für die städtische Selbstverwaltung war der Deutsche Städtetag der Schlußpunkt einer Entwicklung, die schon Mitte des 19. Jahrhunderts eingesetzt hatte. Der erste Versuch eines Städteverbandes war im Revolutionsjahr 1848 erfolgt; nachdem in Preußen der Entwurf für eine Gemeindeordnung vorgelegt worden war, luden Magistrat und Stadtverordnetenversammlung von Berlin alle größeren preußischen Städte zu einem „Städtetag" nach Berlin ein. Dieser erste „Allgemeine preußische Städtetag" sollte am 22. November 1848 stattfinden, mußte aber kurzfristig abgesagt werden, nachdem am 12. November der Belagerungszustand über Berlin verhängt worden war.

1863 kam mit dem Schlesischen Städtetag dann wirklich der erste mit Regelmäßigkeit tagende Städtetag zustande. In fast allen Ländern und Provinzen folgten daraufhin laufend neue Gründungen, aber erst 1896 kam es, ausgehend von der etwa vierzigköpfigen Fraktion der Oberbürgermeister im preußischen Herrenhaus, zu einer gesamtpreußischen Initiative und schließlich am 29./30. September 1896 zur Konstituierung des „Allgemeinen preußischen Städtetages". Damit war auch der Anstoß für die Städteorganisation auf Reichsebene gegeben; über die Deutsche Städteversammlung 1903 in Dresden führte der Weg zur Gründung des Deutschen Städtetages 1905 in Berlin.

Der Magistrat der Stadt Bochum beschloß am 28. Januar 1907, mit Nachbarstädten gemeinsam über die Gründung eines kommunalen Haftpflichtversicherungsverbandes zu verhandeln. Acht Städte trafens ich im Juli 1907 im Rathaus zu Bochum und beschlossen, an alle Gemeinden über 5000 Einwohner eine Umfrage zu richten. Das Echo war nicht stark, da die meisten noch für eine geraume Zeit an private Versicherungen gebunden waren. Bochum gab nicht auf, und im Protokoll des Magistrats der Stadt Bochum vom 10. Januar 1910 wurde das Projekt beschrieben.

„Mehrere größere Städte Rheinlands und Westfalens beabsichtigen, in der nächsten Zeit einen Vertrag zwecks gegenseitiger Versicherung gegen Haftpflicht zu schließen in der Weise, daß alle Haftpflichtschäden unter den vertragschließenden Städten nach dem Verhältnis des für jedes Jahr festzustellenden Risikos verteilt werden. Durch diese Art einer gegenseitigen Rückversicherung vermindert sich der Schaden für die betroffene Stadt bedeutend, während sie andererseits zu ihrem Teile auch die Schäden, die in den anderen Städten eintreten, mittragen muß, weitere Kosten entstehen jedoch nicht."

Am 5. Dezember 1910 beschloß der Magistrat, dem sogenannten Haftpflicht-Rückversicherungsverband westfälischer Städte beizutreten, der dann zunächst nur aus den Städten Bochum, Gelsenkirchen und Herne bestand. Damit war die erste deutsche Kommunalversicherung gegründet, die nicht nur ein spezielles Haftpflichtrisiko, sondern das gesamte kommunale Haftpflichtwagnis umfaßte. (1985)[15]

Die unsterbliche Gemeinde

Von dem Gießener Philosophen Marquard stammt das schöne Wort: Wer keine Herkunft hat, hat keine Zukunft. Für mich heißt das: Wer die Städte von heute verstehen will und, vor allem, wer die Zukunft unserer Städte mitgestalten will, muß ihren Weg aus der Vergangenheit kennen.

Abgesehen von den römischen Gründungen wie Trier, Augsburg, Köln, Neuss, Mainz und Worms begann die Blüte des Städtewesens in Deutschland im 11. und 12. Jahrhundert. Friedrich I. Barbarossa (1152—1190) gründete die königlichen Städte, und sein Gegenspieler, Heinrich der Löwe, betrieb ebenfalls eine weitschauende Städtepolitik. Leider kam es zwischen den beiden großen Figuren der Geschichte zum tragischen Konflikt. Bekanntlich hat Barbarossa über Heinrich den Löwen gesiegt, aber den deutschen Fürsten war er unterlegen, und damit war dem Deutschen Reich der Weg zum Einheitsstaat verschlossen.

Kurz darauf gab es noch einmal eine städtefreundliche Phase. Heinrich VII. (1211—1242) wollte die Städte und die Ministerialen zu Pfeilern der Reichspolitik machen. Aber die Landesfürsten waren bereits zu stark. Im berühmten Fürstengesetz von 1231 wurden Stadträte und Städtebünde verboten und wurde den Städten die Aufnahme von „Pfahlbürgern" zur Stärkung ihrer Wehr- und Wirtschaftskraft untersagt. Erinnert das nicht an manche Raumordnungsideologie und Entballungstheorie unserer Zeit? Mit diesem Fürstengesetz von 1231 hielt die städtefeindliche Tendenz Einzug in die deutsche Geschichte.

Die körperschaftliche Verfassung der Städte ist eine Errungenschaft des hohen und späten Mittelalters. Langsam bildete sich das heraus, was heute das Kriterium unserer Selbstverwaltung ist: eine Autonomie. Wenn wir heute die Autonomie der Städte verteidigen, dann muß uns stets bewußt sein, daß wir ein jahrhundertealtes Gut verteidigen. Im 14. Jahrhundert fand zum Teil unter heftigen Bürgerkämpfen durch das Handwerk und die Zünfte sogar eine gewisse „Demokratisierung" statt.

An die Gegenwart werden wir wieder erinnert, wenn wir sehen, wie im 13. und 14. Jahrhundert die Städte durch Städtebünde versucht haben, in die große Politik einzudringen. Die Goldene Bulle von 1356, der berühmte Kompromiß zwischen Kaiser und Kurfürsten, setzte dem Versuch der Städte leider ein Ende. Schließlich kam es sogar zu zwei Städtekriegen; mit dem zweiten, Mitte des 15. Jahrhunderts, ist auch das Zeitalter des gemeinsamen Handelns der Städte zu Ende gegangen. Man sieht: Wenn die Städte nicht zusammenstehen und sich als Gemeinschaft nicht stark machen, dann werden sie zwischen Reich und Fürsten zerrieben. Und wer denkt jetzt nicht an unsere Rolle zwischen Bund und Ländern? Dazu komme ich aber noch.

Eine Sonderstellung unter den Städtebünden nahm die Hanse ein, jedoch „nicht Städte haben die Hanse, sondern die Hanse hat Städte gegründet."

Alles, Wirtschaft und die Handelsblüte der deutschen Städte (außer Hamburgs und Frankfurts), zerbrach schließlich mit dem 30jährigen Krieg und dessen Folgen. 1629 Städte wurden zerstört. Der fürstliche Obrigkeitsstaat baute sich auf, und unter der Wirkung der Aufklärung wandelte sich der fürstliche in einen staatlichen Absolutismus. Der Absolutismus hat die städtische Selbstverwaltung weitgehend vernichtet. Mit dem Merkantilismus ging auch die wirtschaftliche Führung von den Städten auf den Staat über. Man muß allerdings gerecht sein und anerkennen, daß in dieser Zeit mit den Residenzstädten schöne städtebauliche Lösungen entstanden sind, von denen viele unserer Städte heute noch zehren.

Zu Beginn des 19. Jahrhunderts geschah etwas Merkwürdiges: Das Reich zerbrach 1803/1806, die Länder wurden souverän, und ausgerechnet in den Ländern, die während des ganzen Mittelalters die mehr dem Reich zuneigenden Städte bekämpft hatten, begannen städtefreundliche Reformen. Der Grund war — und auch davon kann die Gegenwart lernen — die Überspannung der Staatsvormundschaft durch den Absolutismus. Freiherr vom Stein war der erste, der mit seiner Preußischen Städteordnung von 1808 zum Erneuerer städtischer Selbstverwaltung wurde. Mehr oder weniger zögernd folgten die anderen Länder.

Das Besondere der Stein'schen Reform war, daß zwischen Wirtschaftsbelebung und industrieller Revolution einerseits und der Freilegung verwaltungsmäßiger und bürgerschaftlicher Kräfte andererseits ein Bezug hergestellt worden ist. Es bestätigte sich, daß Städte, die sich frei entfalten können, zum Motor der Wirtschaft und zu den Triebkräften für die Entwicklung des Landes werden.

Ende des 19. Jahrhunderts hatten die Städte ähnliches personelles Glück wie zu Beginn des Jahrhunderts mit Freiherr vom Stein. Johannes von Miquel, zweimaliger Oberbürgermeister von Osnabrück, von 1880 bis 1890 zehn Jahre OB von Frankfurt und seit 1890 preußischer Finanzminister, schuf mit seiner Finanz- und Steuerreform das moderne Gemeindesteuersystem in Deutschland. Das von ihm aufgebaute klassische Gemeindesteuersystem diente noch der Finanzreform von 1969 als Vorbild.

Mit der wiederbelebten Selbstverwaltung zu Beginn und mit der Finanzautonomie am Ende des 19. Jahrhunderts, so gerüstet konnten die Städte in das 20. Jahrhundert gehen. Diese Epoche hat allerdings Land und Städte in ungeheurer Weise gefordert. 1945 kam die Stunde Null. Die Gemeinden blieben als einzige öffentliche Ebene handlungsfähig. Als ob die Verfasser des Österreichischen Gemeindegesetzes von 1849 (!) die historische Bewährung der Gemeinden nach dem totalen Zusammenbruch geahnt hätten, schrieben sie in das Gesetz: „Die Gemeinde ist eine moralische Person. Sie umfaßt die Reihenfolge der vergangenen, gegenwärtigen und zukünftigen Geschlechter. Sie ist als solche unsterblich."
(1985)[16]

KRISENHERD GEMEINDEFINANZEN

Vor dem Kampf um die Gewerbesteuer

Es ist wieder einmal soweit. Die bevorstehenden Bundestagswahlen sind für die Interessenten das Startzeichen zum Angriff auf die Gewerbesteuer der Gemeinden. 1956, ein Jahr vor den letzten Bundestagswahlen, kürzte man die tragende kommunale Finanzsäule zugunsten des gewerblichen Mittelstandes um 430 Millionen DM = 10% des damaligen Gewerbesteueraufkommens. Hoffen wir, daß die Lehren von damals in den Erfahrungsschatz der zuständigen Politiker aufgenommen wurden. Was für die Gemeinden 1957 und in den folgenden Jahren einen schweren Aderlaß und eine deutliche kommunale Verbitterung zur Folge hatte, empfing die begünstigte gewerbliche Wirtschaft als kaum mehr als einen Tropfen auf den bezeichnenderweise heißen Stein. Die Interessenten legen sich deshalb für die jetzt fällige Wahlforderung nicht mehr so viel Zurückhaltung auf und verlangen eine durchschnittliche Minderung der Gewerbesteuer um 20 bis 25% des derzeitigen Aufkommens. Manche Gemeinden wurden damit praktisch der Gewerbesteuer beraubt. Der Angriff rollt heran, ungeachtet der Warnungen, die seit Wochen von allen kommunalen Seiten erhoben werden. Prüfen wir uns vor dem Kampf nochmals, ob die Gemeinden eine ehrliche Sache verfechten oder ob die so lauthals propagierten Gewerbesteuerpläne nicht doch schwerer wiegen als das Nein der Gemeinden.

Es ist doch heute häufig zu hören, die Gemeinden hätten zuviel Geld. Die Gemeinden und jene Bürger, die um die Aufgaben und Nöte der Gemeinden wissen, brauchen keine Widerlegung dieser mit Zweckbestimmung verbreiteten Auffassung. Viele Menschen leben aber heute in einer Art Bewußtseinsspaltung. Im gleichen Atemzug, in dem sie ihr Steueropfer als zu hoch und ihre Gemeinde als zu reich deklarieren, beklagen sie den Schichtunterricht ihrer Kinder, die unzureichenden städtischen Straßen- und Verkehrsverhältnisse und viele andere kommunale Notstände. In der diesjährigen Augsburger Hauptversammlung des Deutschen Städtetages hat das Geschäftsführende Präsidialmitglied Dr. Ziebill dieses auch in der Presse in Erscheinung tretende Phänomen eindringlich dargestellt. Den schwer Belehrbaren ein kleines Beispiel aus dem reichen Katalog der gemeindlichen Aufgaben: Keine Stadt der Bundesrepublik, und sei sie relativ noch so steuerstark, hat heute genügend Geld, um den Verkehrsausbau zu bewältigen und die Innenstadt vor dem Erstickungstod zu bewahren. Dieses kleine Beispiel unter hundert anderen könnte gerade auch für den gewerblichen Mittelstand lehrreich sein, denn der Erstickungstod unserer Stadtkerne ist vor allem das Ende der dort befindlichen Geschäftswelt.

Die Gemeinden können somit mit gutem Gewissen die gewichtigen Gründe gegen eine Gewerbesteuersenkung ins Feld führen. Sie müssen und werden kämpfen. Für die Gemeinden und die ihnen verbundenen Bürger steht mehr auf dem Spiel als der Verlust dringend benötigter Einnahmen. Es geht um die finanziellen Grundlagen der Gemeinden, um die Aufrechterhaltung der Realsteuergarantie des Grundgesetzes und um das Vertrauen in die Finanz- und Kommunalpolitik des Bundes. (1960)[17]

Wissen sie, was sie tun?

Der Angriff auf die Gewerbesteuer richtet sich gegen die Ebene der öffentlichen Hand, die finanziell am schlechtesten gestellt ist und die anerkanntermaßen den größten Beitrag zum Sozialkapital leistet. Die Gemeinden und Landkreise haben Trümmer beseitigt und Kriegsschäden behoben, Straßen, Schulen, Krankenhäuser und Wohnungen gebaut, Kanalisations- und Wasserversorgungsanlagen errichtet, Erholungsflächen und -stätten sowie Fürsorgeeinrichtungen geschaffen. In all ihren Leistungen standen die Gemeinden unter dem fordernden Druck ihrer Bürger und besonders der Wirtschaft, deren Fortentwicklung ohne diese kommunalen Leistungen nicht möglich gewesen wäre. Ist schon kein Dank zu erwarten, so muß doch volkswirtschaftliche Vernunft gefordert werden. Die Leistung der Gemeinden erzwang eine Verschuldung von 13 Milliarden DM, und mindestens 65 Milliarden DM sind für die kommunalen Investitionen der nächsten 10 Jahre erforderlich. Diese Summe enthält die Bemühungen um eine Behebung der Verkehrsnöte, der Krankenbettenmisere, des Schichtunterrichts, der unzureichenden Wasserversorgungsanlagen usw., kurz gesagt, die Probleme, deren Lösung heute von allen Bürgern dringend ersehnt wird.

Die 25 000 Gemeinden und Landkreise dürfen nicht müde werden, die Auswirkungen dieses bisher schwersten Anschlages auf die Gemeindefinanzen ihren Bürgern deutlich vor Augen zu führen.

(1960)[18]

Systemloses und gefährliches Experiment

Die Pläne zur Senkung der Gewerbesteuer wurden als kleine
Reform ins Spiel gebracht, die nicht viel Aufhebens verdient und die
ohne große Bedenken über die Bühne gebracht werden könne.
Dieser Bagatellisierung entgegenzutreten ist das vordringliche
Anliegen der Denkschrift der Bundesvereinigung. Die Pläne stellen
nämlich in Wirklichkeit den bisher schwersten Eingriff in die
Finanzen der einzelnen Gemeinden und in das gesamte kommunale
Finanzsystem dar. Ja wir glauben sogar, daß die vorgebrachten
Änderungswünsche zur Gewerbesteuer darüber hinaus ein Unruhe-
herd für das gesamte Finanz- und Steuersystem werden würden.
Ihnen diese Gefahren aufzuzeigen und in letzter Minute an die
Stelle eines systemlosen und gefährlichen Experiments den Gedan-
ken einer umfassenden systematischen Reform zu setzen, soll
unsere Arbeit dienen. (1960)[19]

Neue Aufgaben bedingen eine kommunale Finanzreform

Der Neuaufbau der deutschen Städte, der in seinen bisherigen Abschnitten eine gefährliche Verschuldung verursacht hat, geht unmittelbar über in neue Aufgaben, die ihrerseits das früher bekannte Ausmaß kommunaler Tätigkeit weit übersteigen. Diese Aufgaben sind unabweislich. Die Verbesserung der Schulverhältnisse und das Ansteigen der Schülerzahl um 1,2 Millionen im Laufe des beginnenden Jahrzehnts fordern neue Anstrengungen im Schulbau. Ohne einen raschen Ausbau des städtischen Straßennetzes werden der Verkehr und damit das Wirtschaftsleben insgesamt sich nicht weiterentwickeln können, eher werden sie zurückgehen. Die technische Entwicklung macht im Kampf gegen Luftverunreinigung, Wasserverschmutzung und Lärm gerade auch kommunale Leistungen notwendig, um das Leben der Bürger lebenswert zu machen; über diese Abwehr von Zivilisationsschäden hinaus werden von den Gemeinden neue Leistungen für Sport, Erholung, Gesundheit und Fürsorge erwartet.

Hohe Milliardenbeträge werden zur Erfüllung dieser wohlbegründeten Ansprüche der Bürger und der Wirtschaft benötigt. Es wäre nicht zu verantworten, wollte man die Gemeinden in diesen Abschnitt der gesellschaftlichen Entwicklung eintreten lassen mit einer Finanzverfassung, die ihnen insgesamt einen zu geringen Anteil am öffentlichen Finanzaufkommen zuweist und die zudem in ihrer Struktur ungesund ist.

Das kommunale Finanzsystem in der Bundesrepublik weist quantitativ und qualitativ schwerwiegende Mängel auf. Die Verzerrung des gemeindlichen Finanzgefüges ist so weit fortgeschritten, daß eine Neuregelung ohne Änderung der Finanzverfassung nicht mehr möglich erscheint. (1961)[20]

Zu jeder Mitarbeit bereit

Der Ruf nach der kommunalen Finanzreform erhebt sich wie ein Phönix aus der Asche immer wieder zu neuem Leben. Nur positive Taten werden dieses kommunalpolitische Problem Nummer 1 zur Ruhe bringen können.

Nach der Denkschrift der Bundesvereinigung der Kommunalen Spitzenverbände vom Mai 1958, der Stellungnahme des Wissenschaftlichen Beirats beim Bundesfinanzministerium vom Juli 1959 und dem Scheitern der Grundsteueranhebung durch eine Meßzahlerhöhung war es sehr still geworden um die Finanzreform. Vor allem das Bundesfinanzministerium übte sich in beharrlichem Schweigen, was nicht nur die Gemeinden verdroß. Im Bundestag zeichnete sich schließlich an Stelle der erhofften Hilfe das Gegenteil ab, die Beschneidung der Gewerbesteuer. Dieser Schritt brachte einerseits die Stimmung der Gemeinden auf den Gefrierpunkt, belebte jedoch andererseits die Forderung nach positiven Reformen, verschärfte allerdings gleichzeitig die Problematik ganz erheblich. In jenen Wochen schuf sich der Städtetag in stiller Arbeit eine neue Grundlage für seine Finanzreformarbeit. In den vergangenen Wochen wurde diese Grundlage konkretisiert, so daß in der Kundgebung des Deutschen Städtetages an den 4. Deutschen Bundestag festgestellt werden konnte, daß der Deutsche Städtetag zu jeder Mitarbeit für eine kommunale Finanzreform bereit und in der Lage ist, Vorschläge zu unterbreiten. (1961)[21]

Die strukturellen Mängel
des Gemeindefinanzsystems

Eine Gegenüberstellung der Größenordnung der kommunalen Mittel mit der Größenordnung der kommunalen Aufgaben beweist, daß das derzeitige Gemeindefinanzsystem quantitativ nicht ausreicht und daß deshalb eine Reform in der Mittelverteilung herbeigeführt werden muß. Es wäre jedoch völlig verfehlt, den deutschen Gemeinden zu unterstellen, sie strebten nur um größerer Finanzmittel willen nach einer Reform. Ebenso wichtig wie die Quantität ist die Qualität.

Die Qualität des Gemeindefinanzsystems wird dadurch bestimmt, ob

1. genügend und die richtigen Finanzquellen zur Verfügung stehen, um den unterschiedlichen Wirtschaftsstrukturen und Bedürfnissen der Gemeinden gerecht werden zu können, und

2. die Steuerquellen in einem wirtschaftlich gesunden Verhältnis zueinander stehen.

Wie sehen die Verhältnisse heute aus?

Im aufgezeigten Finanzgefüge (d.h. ohne Gebühren, Beiträge, Vermögensenträge usw.) machen die Steuern rund zwei Drittel, die Zuweisungen von Bund und Ländern etwa ein Drittel aus. Der außerhalb der Finanzautonomie der Gemeinden liegende Teil ist somit bereits bemerkenswert hoch. Besonders überrascht der hohe Anteil der speziellen Finanzzuweisungen, die mit 2,6 Milliarden DM erheblich über den allgemeinen Finanzzuweisungen liegen. Das Dotationswesen bzw. -unwesen steht demnach in hoher Blüte.

Das Gemeindesteuersystem besitzt zur Zeit nur eine Steuer, die trotz unsystematischer Eingriffe der wirtschaftlichen Entwicklung folgt, und zwar die Gewerbesteuer.

Ursachen der Strukturverzerrung

Es gibt Kritiker, die der Gewerbesteuer die Schuld an dieser Strukturverzerrung geben. Diese Betrachtungsweise ist aber wohl schief.

Unnatürlich an dieser Entwicklung ist nicht das Ansteigen der Gewerbesteuer, sondern das Zurückbleiben der übrigen Steuern. Die Gewerbesteuer ist nichts anderes als das Spiegelbild der Wirtschaftsentwicklung und nichts anderes als die Folge der steigenden Wirtschaftserträge. Leider beschränkt sich dieser normale Zustand nur auf eine kommunale Steuer. Die bemerkenswert niedrige Grundsteuer A wird heute sogar von den indirekten Gemeindesteuern übertroffen. Um so merkwürdiger ist die Tatsache, daß sich in Nordrhein-Westfalen und in Schleswig-Holstein die Grundsteuer A von 1950 bis 1959 in ihrem Ertrag überhaupt nicht aufwärts bewegt hat.

Der Anteil der Gewerbesteuer an den kommunalen Steuereinnahmen liefert übrigens kein völlig richtiges Bild. Einmal spielen die Gebühren und Beiträge im kommunalen Leben eine gewichtige Rolle, und zum anderen sind für viele Gemeinden die Finanzzuweisungen notgedrungen gleich wertvoll wie ihre geringen Steuereinnahmen. Auf die Gesamteinnahmen der Gemeinden (Gv) bezogen, macht aber die Gewerbesteuer nicht mehr 77%, sondern nur noch 36,4% aus. Diese Tatsache wird heute von vielen, die irrtümlich glauben, die Gewerbesteuer finanziere fast das gesamte kommunale Leben, übersehen.

Ein weiterer Mangel des kommunalen Steuersystems ist die Nichterfüllung einer alten Popitzschen Forderung, nämlich den Gemeinden ein umfassendes Bündel von Steuern zur Verfügung zu stellen, damit das System den sehr unterschiedlichen Wirtschaftsstrukturen der Gemeinden gerecht werden kann. Wenn die Gemeinden nur eine der Wirtschaftsentwicklung folgende Steuer haben, ist es kein Wunder, daß es nur einen Gemeindetyp gibt, der heute finanziell einigermaßen in Ordnung ist. Das ist der reale und ganz einfache Hintergrund des Schlagwortes von der „Gewerbesteuerorientierung" der deutschen Gemeinden. Unsinnig ist aber die daraus abgeleitete Forderung, man müsse den Gemeinden nun auch noch die letzte intakte Steuerquelle nehmen. Die Logik fordert vielmehr, den Gemeinden mehr als nur eine das Sozialprodukt widerspiegelnde Steuer zu geben, damit in Deutschland wieder mehrere wirtschaftlich und finanziell gesunde Gemeindetypen möglich werden.

Einige Grundsätze für eine Gemeindefinanzreform

Wie können die Mängel, die dem kommunalen Finanzsystem anhaften, beseitigt werden, wie kann eine Reform durchgeführt werden?

Für das Verfahren sind zwei Wege möglich. Man kann eine neue Finanzverfassung an die Stelle der bisherigen setzen und darin der Stellung der Gemeinden und dem Gewicht ihrer Aufgaben gerecht werden, also eine Verfassungsänderung größeren Stils durchführen, oder man kann im Wege der einfachen Gesetzgebung Änderungen in der Mittelverteilung vornehmen. Viele, die heute von der Finanzreform sprechen, denken an den ersten Weg und übersehen hierbei die großen Schwierigkeiten, die sich diesem Weg entgegenstellen. Die Wahl des Verfahrens fällt leicht, wenn das Zeitmoment berücksichtigt wird. Eine große Verfassungsänderung benötigt, selbst wenn das Zustandekommen der erforderlichen Mehrheiten in Bund und Ländern unterstellt wird, mehr Zeit, als die anstehenden Gemeindeaufgaben erlauben. Deshalb wird man wohl unverzüglich mit den Vorarbeiten für eine Finanzverfassungsreform beginnen, sofort aber auf der Basis der einfachen Gesetzgebung die Reform der Mittelverteilung durchführen müssen.

Nun, der kommunale Ruf an die Länder wird offensichtlich erhört, wie Sie gestern aus den Erklärungen des hessischen Finanzministers Conrad vernommen haben. Wir von der kommunalen Seite müssen Herrn Minister Conrad außerordentlich dankbar sein für seine Erklärung, ebenso wie wir dem bayerischen Finanzminister Dr. Eberhard für seine Ausführungen am 17. Oktober vor dem Bayerischen Landtag tiefen Dank schulden und auch aussprechen. Der Vorsitzende und der stellvertretende Vorsitzende der Länderfinanzministerkonferenz haben jetzt die Bereitschaft zu einer Gemeindefinanzreform erklärt. Das ist für uns, die wir seit zehn Jahren danach rufen, ein großer Augenblick und — lassen Sie mich jetzt nochmals sagen — Anlaß für tiefempfundenen Dank.

Niemand sollte diese ganz offensichtlich ehrliche Bereitschaft der Länder dadurch zu schmälern versuchen, daß er sagt: Na ja, die Länder haben es ja. Der Bund hatte es auch einmal, und was war das Echo auf unseren Ruf: mehr oder weniger unverhohlen der interkommunale Finanzausgleich.

Die Vorschläge aus Bayern und aus Hessen unterscheiden sich etwas. Finanzminister Eberhard schlägt vor: 10% des örtlichen Lohnsteueraufkommens an die Wohngemeinden, Überlassung des Kraftfahrzeugsteueraufkommens und der restlichen Grunderwerbsteuer; Finanzminister Conrad schlägt vor, die Vermögen-

71

steuer den Gemeinden zu überlassen. Man wird über jeden Vorschlag sprechen und verhandeln müssen. Dabei wird man berücksichtigen müssen, daß die Kommunen nicht nur mehr, sondern vor allen Dingen auch bessere und für die Gemeinden und Landkreise besser geeignete Finanzquellen brauchen. Der qualitative Reformcharakter ist für die zu wählenden Maßnahmen außerordentich wichtig. Auch der Herr Minister Conrad hatte ja gestern anerkannt, daß die Gemeinden vor allem eine zusätzliche Steuer benötigen. Auf Einzelheiten der Vorschläge einzugehen, muß ich mir leider versagen, weil ich damit in das von Herrn Dr. Hensel gestellte Thema eingreifen würde. Daß ich aber die Lohnsteuerbeteiligung der Gemeinden und die Kraftfahrzeugsteuerüberlassung nicht so negativ beurteile, wie es gestern Herr Minister Conrad erkennen hat lassen, sondern daß ich diese Vorschläge von Minister Eberhard sehr positiv bewerte, wird sich aus den Ausführungen noch ergeben. Zunächst aber noch eine Feststellung zu dem Problem Bund und Länder: Die Länder werden den Gemeinden nicht alle finanziellen Sorgen abnehmen können, und der Bund kann nicht in jeder Beziehung aus seinen kommunalen Verpflichtungen entlassen werden. Der Bund bleibt vor allem verantwortlich für die Steuergesetzgebung, insbesondere für die vernünftige Gestaltung der Grundsteuer, und er bleibt verpflichtet hinsichtlich der Mineralölsteuer. Ohne angemessene Anteile an dieser zweckbestimmten Verkehrsabgabe können die großen kommunalen Verkehrssanierungsprojekte nicht durchgeführt werden.

Das quantitative Ausmaß der Reform

Die Entscheidung über die künftige Höhe der kommunalen Finanzmasse, d.h. über das quantitative Ausmaß der Reform, hängt von der Wertung der kommunalen Aufgaben ab. Diese Entscheidung ist also letztlich eine politische Frage. Als Realisten müssen wir uns klar sein, daß eine Kongruenz zwischen dem kommunalen Finanzanteil und den ermittelten Bedarfszahlen aller Aufgabengebiete nicht ohne weiteres erreicht werden kann. Interessant ist jedenfalls die konkrete Zahl, die Finanzminister Eberhard jetzt neuerdings ins Gespräch brachte. Seine Reformvorstellung geht von einer 25%igen Erhöhung der derzeitigen kommunalen Steuermasse aus. Das wären für 1961 rund 2,5 Milliarden DM und für 1963 bestimmt über 3 Milliarden DM.

Das qualitative Ziel der Reform

Eine Verbesserung der Struktur des kommunalen Finanzsystems, also die qualitative Reform, bedingt die Freigabe bisher in Erstarrung gehaltener Gemeindesteuern in einem wirtschaftlich und sozial vertretbaren Ausmaß sowie die Heranführung der Gemeinden an weitere Steuergrundlagen, durch die wesentliche kommunale Vorgänge in einen steuerlichen Tatbestand umgewandelt werden können.

Finanzautonomie ist keine Romantik

Die Gemeinden benötigen Einnahmequellen, mit denen sie weitsichtig disponieren können. Wie sollte es möglich sein, die Gemeinde als lebenden Organismus zu gestalten, große langfristige Aufgaben in Angriff zu nehmen, wenn sie gegenüber ihren Bürgern keine Besteuerungsrechte besitzt? Nicht von ungefähr beruht der Kommunalkredit, anders als der Real- und Personalkredit, nicht auf Spezialsicherheiten; die Sicherheit des Kommunalkredits ist die Steuerkraft der Gemeinde. Diese Steuerkraft kann für langjährige Kredite aber nur dann ihre Funktion als Sicherheit erfüllen, wenn sie auf gesicherten Rechten beruht. Ein Überweisungs-, Zuweisungs- und Dotationssystem nimmt den Gemeinden jegliches Recht, über ihre Einnahmen selbst zu bestimmen, und es nimmt ihnen auch jeden festen Anspruch auf bestimmte Einnahmen. Rechtlich und tatsächlich locker gewährte Zuweisungen können nicht zur Grundlage langjähriger Planungen, großer Aufgaben und langfristiger Verschuldung gemacht werden. Die Finanzautonomie der Gemeinden ist deshalb keine Romantik und kein Relikt vergangener Zeiten. Allerdings ist sie auch nicht völlig unwandelbar.

Eine volle finanzielle Eigenständigkeit setzt voraus, daß in den Gemeinden genügend Wirtschaftskraft und daraus folgend Steuerkraft vorhanden ist und daß diese Kraft durch das Steuersystem so organisiert werden kann, daß sie in etwa dem örtlichen Bedarf gerecht wird. Hierzu muß nach dem heutigen Stand festgestellt werden, daß infolge der Konzentrationserscheinungen in der Wirtschaft, der sozialen Entwicklungen und der Agrarstruktur nicht in allen Gemeinden genügend Wirtschaftskraft vorhanden ist, um eine ausreichende Steuerkraft schaffen zu können. Allerdings ist mangelnde Steuerkraft nicht in allen Gemeinden auf mangelnde Wirtschaftskraft zurückzuführen; zum Teil beruht sie einfach auf einer falschen Organisation der Steuerkraft durch das Steuer- und Finanzsystem.

Zum Beispiel unsere zahlreichen Wohngemeinden mit wenig Industrie- und Gewerbebetrieben brauchen durchaus nicht so steuerarm zu bleiben, wenn die von den Bewohnern bereits jetzt bezahlten Steuern durch eine Korrektur des Systems auch in eine Beziehung zu den Gemeinden gesetzt werden. Dasselbe gilt für den Wirtschaftsfaktor Kraftfahrzeugverkehr, der hinsichtlich der von ihm aufgebrachten Steuern bisher ebenfalls in keinen unmittelbaren Zusammenhang zu seinen Kommunen gebracht worden ist, obwohl der durchschnittliche Bewegungsradius eines Kraftfahrzeuges nur ganze 8 km ist und somit gerade hier nicht nur eine örtliche Radizierbarkeit vorliegt, sondern auch ein kommunaler Hauptbelastungsfaktor in unserer Generation gegeben ist. Eine Finanzreform muß deshalb vor allem auch der Erschließung von an sich vorhandener, aber bisher für die Kommunen nicht verwerteter Wirtschaftskraft dienen.   (1961)[22]

Kein Wahlschlager

Wenn sich spätere Geschlechter mit unseren heutigen politischen Verhältnissen, mit dem zweiten Versuch einer parlamentarischen Demokratie in Deutschland beschäftigen werden, wird sicher auch vom Gefälligkeitsstaat die Rede sein. Der erfolgreiche Lobbyismus der Interessentengruppen in unserer Zeit wird manche Doktoranden der juristischen, soziologischen und historischen Seminare beschäftigen, und so wie wir heute über manche politischen Vorgänge der zwanziger und dreißiger Jahre nur den Kopf schütteln können, wird es auch in absehbarer Zeit über Vorgänge geschehen, deren Zeuge wir jetzt sind. Hoffentlich sitzen wir dann nicht über Scherben.

Die Landtagswahlen in Nordrhein-Westfalen am 8. Juli 1962 könnten vielleicht auch dazu verhelfen, dies zu verhindern, wenn die Politiker und Parteien es verstehen, Lehren zu ziehen! Beispielsweise aus folgendem Vorgang: Im Frühjahr dieses Jahres, als die Kluft zwischen den Aufgaben für die Bürger und den finanziellen Möglichkeiten von den schon seit Jahren betroffenen Gemeinden auch auf den Bund übergegriffen hatte und damit noch tiefer ins Bewußtsein der Bevölkerung gedrungen war, wurden einige Leute an Rhein und Ruhr von einer seltsamen Sorge befallen. Nämlich von der Sorge, der 8. Juli könne politisch nur dann überlebt werden, wenn zuvor die Vergnügungssteuer und die Getränkesteuer der Gemeinden auf dem Altar der Wähler geopfert würden. Für die Interessenten war die Sorge allerdings nicht so seltsam, denn die Millionen, die bei den Gemeinden verschwinden sollen, lösen sich ja nicht in ein Nichts auf, sondern treten nur eine kleine Wanderung von der einen Kasse in die andere an. Es galt also, den Glauben zu erzeugen, daß in dem bevorstehenden politischen Scharmützel das Wohl und Wehe der Parteien von der Aufbesserung einiger privater Bilanzen abhänge. In eine Wahlpsychose ist es verhältnismäßig leicht, diese Angst zu erzeugen. Eine kleine Gruppe begann zu trommeln. Als sich — bei der Kinosteuer — die erforderliche Landtagsmehrheit für diesen Griff in die Gemeindekasse nicht ohne weiteres einzustellen schien, begann die Lobby zu wirken. „Man" sprach plötzlich davon, daß eine Werbeaktion in allen Kinos des Landes kurz vor den Wahlen für eine widerspenstige Partei doch recht unangenehm werden könne. Das heute Unvermeidliche ge-

schah: Es fanden sich Politiker, die den rauschenden Beifall in Kino-
besitzerversammlungen mit stimmenbringendem Beifall der Wähler verwechselten. Mit zunehmender Wahlnähe überboten sich die
Parteien geradezu a conto Vergnügungssteuer, und sie verzichteten
zwar keineswegs im Auftrag, aber im Namen der Gemeinden
wieder einmal auf einige Millionen DM und für das eigene Land auf
ein sehr wirksames kulturpolitisches Steuerungsmittel. Bei der Getränkesteuer hatten es die Gastwirte zunächst etwas schwerer. Da
erdreistete sich die Regierung doch tatsächlich, einen Gesetzentwurf vorzulegen, der diese uralte Gemeindesteuer wieder voll in das
Selbstverwaltungs- und Selbstbestimmungsrecht der Gemeinden
zurückgeben wollte. Die Gastwirte trommelten nicht nur, sie streik-
ten. Zu ihrer Verblüffung wurde aber unbeschadet davon der Gesetzentwurf mit den Stimmen der zwei großen Parteien in erster und
zweiter Lesung angenommen. Unmittelbar vor der dritten Lesung,
die wiederum unmittelbar vor den Landtagswahlen stattfand, fuh-
ren daraufhin die Interessenten schweres Geschütz auf. Sie streiten
abermals und protestierten laut, und in der Gastwirte-Zeitung stand
zu lesen: „Gastwirte, Hoteliers, Konditoren in Nordrhein-Westfalen! Wählt am 8. Juli 1962 nur die Landtagskandidaten, die gegen
das neue Getränkesteuergesetz stimmen werden." Das heute
Unvermeidliche geschah; es fanden sich Politiker usw. (siehe oben).

Und der Lohn der Angst? Das Wahlergebnis in Nordrhein-Westfalen ist so ausführlich diskutiert worden, daß wir es uns ersparen
können, hier nochmals eine Bilanz zu ziehen. Wir sind weit davon
entfernt, die Ursachen für die Schlappen und Gewinne nur in diesen
Verhaltensweisen zu suchen. Aber mancher Abgeordnete und ehe-
malige Abgeordnete wird sich vielleicht in der Wahlnacht gefragt
haben, ob er nicht doch das Geschrei einiger Interessenten über-
und den Wähler unterschätzt hat. Der Wähler ist nämlich bei weitem nicht so dumm, wie manche glauben. Der Wähler weiß, daß
seine Wünsche und Forderungen etwas kosten, und er ist vor allem
bereit, den Gemeinden ihr Recht zuzubilligen. Dafür gibt es viele
untrügliche Anzeichen, wenn auch die Interessenten noch so sehr
das Gegenteil glauben machen wollen. Kluge Politiker wissen,
welche Vorstellungen von ihrer Gesamthaltung eine Partei beim
Wähler erwecken muß, um heute politischen Erfolg zu haben. Der
in den letzten Jahren so üblich gewordene Griff in die Gemeindekasse scheint jedenfalls einen Wahlerfolg nicht mehr zu verbürgen.
Weitere Landtagswahlen stehen bevor. Vielleicht können dabei
schon Lehren gezogen werden.   (1962)[23]

Der Eberhard-Plan

In diesem Zusammenhang muß vermerkt werden, daß vor der augenblicklichen auf die Initiative des Bundes zurückzuführenden Aktionen den Ländern eine Chance für Finanzreformmaßnahmen gegeben war. Die Länder hatten nicht nur nach dem Grundgesetz ausreichende Zuständigkeiten, sie waren zu Beginn der 60er Jahre auch durch die Gunst der Finanzmittelverteilung materiell in der Lage, Reformmaßnahmen durchzuführen. Leider haben sich damals nur zwei Länder zu größeren Taten aufraffen können, nämlich Bayern und Hessen. Der Eberhard-Plan hatte hierbei im Vergleich zum hessischen Conrad-Plan den großen Vorteil, daß er selbstverwaltungsgemäßer konzipiert war. Hätten damals alle Länder die kommunalen Bedürfnisse und die finanziellen Möglichkeiten ebenso klar gesehen wie der damalige Finanzminister Eberhard, dann wäre wahrscheinlich die weitere finanzpolitische Entwicklung etwas anders verlaufen. Meines Erachtens hat der Föderalismus damals eine Chance vertan. (1965)[24]

Eine Gewerbesteueroperation
könnte auch ins Auge gehen

Man soll über die Gewerbesteuer kühl und sachlich sowie mit Sinn für politische Realisierungsmöglichkeiten sprechen. Es ist eine sehr merkwürdige Sache um diese Steuer. Sie findet keinen rechten Frieden in unserem heutigen Finanzsystem, weil sie die Lupenreinheit des Systems zu stören scheint. Sie findet aber auch kein rechtes Ende, weil es nirgends in der Welt ein lupenreines Steuersystem gibt und geben kann . . .

Was soll das Argument, daß das Aufkommen an Steuern insgesamt sich in der Bundesrepublik von 1950 bis 1963 verfünffacht hat, daß aber das Gewerbesteueraufkommen in der gleichen Zeit auf das Siebeneinhalbfache gestiegen ist? Was soll dieses Argument angesichts der Tatsachen,

— daß die Gewerbesteuer eine Steuer mit Phasenverschiebung ist, die 1950 nicht die gleiche Ausgangssituation hatte wie viele andere Steuern,

— daß die Bundesrepublik sich in dieser Zeit erst richtig von einem vorwiegenden Agrarstaat zu einem vorwiegenden Industriestaat gewandelt hat, was sich in der Auswirkung im Steuersystem schlecht verheimlichen ließ,

— daß in diesem Zeitraum z.B. die Lohnsteuer sich ebenfalls versiebeneinhalbfacht hat und daß sich die Vermögensteuer und die Mineralölsteuer nicht nur versiebeneinhalbfacht haben, sondern auf das fast 13fache bzw. 56fache gestiegen sind . . .

Man kann — wenn man will — in der Gewerbesteuer auch noch einen anderen Wert sehen. Ihr Weg von der Entstehung bis zur Umsetzung in öffentlichen Leistungen ist kurz und klar. Er vollzieht sich im überschaubaren Bereich der eigenen Gemeinden, und im Verwendungszweck gibt es nur einen klaren Katalog vernünftiger Dinge, angefangen von den Straßen über die Schulen, Wasserversorgung, Kanalisation, Müllbeseitigung, Krankenhäuser usw. bis hin zu den Rathäusern (auf die in früheren Zeiten die Bürger einmal stolz waren). Würde in einer Finanzreform den Bestrebungen jener Kräfte nachgegeben, die den Gemeinden weitgehend ihre eigenen Steuern entziehen und die die Gemeinden dann aus einem großen Steuertopf des Bundes durch „Zuweisungen" finanzieren wollen, dann würde aus dem kurzen, überschaubaren Weg vom Steuerzahler zur Gemeinde ein Labyrinth, bei dem nicht gesichert wäre, daß das Geld für den Straßen- und Schulhausbau usw. bei der Gemeinde landet. Das Geld könnte ebensogut höheren Orts für andere Dinge hängenbleiben; etwa für Dinge, die höheren Orts auch für wichtig gehalten werden, die aber weniger produktiv als vielmehr konsumtiv sind und die der Wirtschaft nicht in ausreichendem Maße die sowohl volkswirtschaftlich wie betriebswirtschaftlich produktiven Grundinvestitionen der Gemeinden einbringen. Solange die Gewerbesteuer als Gemeindesteuer existiert, ist wenigstens dieser Teil des von der öffentlichen hand beanspruchten Sozialprodukts für eine produktive Verwendung vor allem im Interesse der Wirtschaft sicher.

Diese Bekenntnis zur guten alten Gewerbesteuer soll nicht bedeuten, daß die Gewerbesteuer allein das finanzielle Rückgrat der Gemeinden bleiben soll. Vernünftige Diskussionen hierüber werden auch von den Gemeinden gewünscht. (1965)[25]

Der Investitionsbedarf der Gemeinden

Die Bundesrepublik ist trotz aller Wohlstandserscheinungen — an den maßgebenden Kriterien, insbesondere am Vermögen gemessen — kein reiches Land. Dieser Tatsache steht ein anderer Sachverhalt gegenüber: Deutschland ist gleichzeitig gekennzeichnet durch hohe Ansprüche seiner Bewohner an Lebensstandard und soziale Sicherheit, ferner durch seine Lage im Herzen Europas mit allen ihren Verpflichtungen und Risiken sowie durch den Zwang und die Zweckmäßigkeit, seine Geltung in der Welt durch geistige und technische Höchstleistungen zu bewahren. Diese gegensätzliche Situation kann nur durch eine außerordentlich hohe Ertragskraft der Volkswirtschaft bewältigt werden.

Eine produktivitätsorientierte Politik erfordert auch eine ausreichende Berücksichtigung öffentlicher Dienste und Einrichtungen und innerhalb des öffentlichen Bereichs einen gewissen Vorrang für die produktivitätsfördernden Ausgaben. Schon aus diesem Grunde scheint es zweckmäßig, das quantitative Problem der Gemeindefinanzen vor allem auf die produktivitätsfördernden Ausgaben der Gemeinden und insbesondere auf die Investitionsaufgaben abzustellen. Ein weiterer Grund besteht darin, daß die Finanzverhältnisse der Gemeinden am besten an der Investitionsrate ihrer Haushalte zu beurteilen sind. Die für Investitionen zur Verfügung stehenden Mittel bilden vorwiegend den disponiblen Teil der Haushalte, mit dem auf die Entwicklung der Einnahmen einerseits und der Ausgabearten mit geringer Dispositionsmöglichkeit andererseits reagiert werden kann. Da letztere weitgehend von der staatlichen Gesetzgebung beeinflußt sind, stellen die Investitionsausgaben den besten Aussage- und Bestimmungsfaktor für die gemeindlichen Finanzverhältnisse dar.

Um das Geschehen im Investitionsbereich der Gemeinden verstehen zu können, ist ein kurzer Blick in die Vergangenheit notwendig. Man stellt hier eine merkwürdige Erscheinung fest. Der Anteil der Gemeinden am gesamten Steueraufkommen von Reich (Bund), Ländern und Gemeinden sank von 37,2% im Jahre 1913 auf 11,7% im Jahre 1962. Da sich die Einnahmestruktur der Gemeinden erheblich geändert hat, ist die Entwicklung der Ausgaben aussagekräftiger; der Anteil der Gemeinden an den unmittelbaren Ausgaben von Reich (Bund), Ländern und Gemeinden ist von 39,9% im Jahre 1913 auf 25,8% im Jahre 1962 zurückgegangen. Neben der eigentlichen Aufgabenstellung der Gemeinden, der Versorgung und „Entsorgung" der Bevölkerung, setzte 1914 eine starke Belebung der Verwaltungsfunktion der Gemeinden ein. Krieg, Nachkriegszeit, Inflation, Wirtschaftskrise, Aufrüstung, Zweiter Weltkrieg und Nachkriegszeit haben, von kurzen Unterbrechungen abgesehen, eine stärkere Zurückdämmung der Investitionstätigkeit der Gemeinden bewirkt.

Erst nach der Währungsreform von 1948 endete dieses gewissermaßen investitionsarme Zeitalter. Seine Folgen, beträchtlich vermehrt durch die Zerstörungen und Substanzverluste im Zweiten Weltkrieg, drängten nunmehr zu einer verstärkten kommunalen Investitionstätigkeit. Mit jährlich wachsenden Investitionsraten in den Haushalten versuchten die Gemeinden, dieser Aufgabe wieder in stärkerem Maße gerecht zu werden. Um die Wende der 50er zu den 60er Jahren trat allerdings ein Bruch in dieser Entwicklung ein, der uns in den folgenden Erörterungen noch beschäftigen wird. Zunächst ist von Bedeutung, daß dieser Bruch in der Entwicklung auch von einer Wende in der Aufgabenstellung der Gemeinden begleitet war. Es war der Übergang von der Aufbauphase nach dem Zweiten Weltkrieg zur Phase des Ausbaues, zur Erfüllung des Bedarfs, den der erreichte Status der Wirtschaft und des privaten Wohlstandes sowie die weitere Entwicklung zwingend nach sich ziehen. (1966)[26]

Das Urteil der Gutachter

Das Gutachten über die Finanzreform in der Bundesrepublik
Deutschland liegt vor. Die Zeit der Ausreden ist vorbei. Seit Jahren
fordern die Gemeinden eine Neuordnung ihrer Finanzen. Jahrelang
hat man sie vertröstet und schließlich auf die Arbeit der Kommission verwiesen. Vor zwei Jahren erst kam die Kommission
zustande. Jetzt liegt das Ergebnis vor. Die Kommission hat schnell,
umfassend und gut gearbeitet.

Das Gutachten läßt erkennen, daß die Kommission ihre Vorschläge
am liebsten als Ganzes verwirklicht sähe. Das ist ein legitimer
Anspruch, vor allem, wenn auf Eile Wert gelegt wird. Es tut allerdings Wert und Rang des Gutachtens keinen Abbruch, wenn bei der
gesetzgeberischen Umsetzung gewisse Variierungen der Vorschläge
erfolgen. Falls jedoch Bund und Länder jetzt alles anders haben
wollen, als es die Kommission vorschlägt, dann ist die Frage zu
stellen, warum sie das Gutachten überhaupt in Auftrag gegeben
haben und warum sie ihre andersartigen Vorstellungen nicht schon
längst gesagt und zum Gesetz gemacht haben.

Bei der beginnenden Debatte über das Gutachten darf niemals
vergessen werden, daß die Finanzreformdiskussion als Gemeinde-
Finanzreformdiskussion begann. Wie auch das Gutachten mehrmals betont, ist die Neuordnung der Gemeindefinanzen von
besonderer Eilbedürftigkeit. Es erscheint daher unmöglich, diesen
Teil der Reform als Abschnitt zwei einzustufen und auf unabsehba-
re Zeit zu vertagen. Die finanzielle Situation der Gemeinden und
vor allem der Städte würde das auch gar nicht vertragen. Die Lage
erfordert im Gegenteil Sofortmaßnahmen für die Gemeinden. Die
Kommission, die bei der Verwirklichung der Reform an sich schon
mit kurzen Fristen rechnet, läßt es gerade bei den gemeindlichen
Investitionsaufgaben nicht an Hinweisen auf die Dringlichkeit
fehlen.

Bei der Beratung des Gutachtens wird zu prüfen sein, was aus der
umfangreichen Finanzreformdiskussion der letzten Jahre vor der
Kommission Bestand gehabt hat und was nicht. Wenn auch das
Gutachten natürlich nicht der letzte Maßstab ist, so kann jetzt doch
manches zu den Akten gelegt werden, etwa die von jeher graue

Theorie, daß die Gemeindefinanzmasse insgesamt ausreiche, oder die jahrelange Auseinandersetzung um die Bürgersteuer. Auch der Deutsche Städtetag wird seine bisherigen Reformüberlegungen daraufhin kritisch untersuchen müssen.

Wenn man das Exposé des Städtetages zur Finanzreform von 1961 und die Ergebnisse der Hauptversammlung von 1965 mit dem Gutachten vergleicht, dann läßt sich unschwer feststellen, daß der Städtetag mit seinen Überlegungen weitgehend auf dem richtigen Weg war. Die These von der Notwendigkeit einer quantitativen und qualitativen Reform, die Forderung nach Gemeindefinanzautonomie und Sicherung der Einnahmehoheit, die Ablehnung des Großen Steuerverbundes, die Feststellungen zur Grundsteuer, das Erfordernis einer dritten Steuersäule, die Betonung des Investitionssektors und die Hervorhebung der innergemeindlichen Verkehrsaufgaben mit der Folge einer stärkeren Heranziehung der Verkehrsabgaben, die Unumgänglichkeit einer Gebietsreform der Gemeinden, das sind beispielsweise alles Erwägungen, die dem Urteil der Kommission standhielten. Es erweist sich jetzt auch als richtig, daß der Städtetag die Gewerbesteuer nicht grundsätzlich von den Reformüberlegungen ausgeschlossen hat, wenn auch in dieser Frage nach wie vor Diskrepanzen in der Beurteilung vorhanden sein werden.

Die beiden Kernstücke des Gutachtens zur Gemeindefinanzreform sind die quantitative Aufstockung der Gemeindefinanzmasse und das große Austauschwerk bei den Gemeindesteuern durch Abbau der Gewerbeertragsteuer einerseits und durch Einführung einer Gemeindeeinkommensteuer andererseits. Die Verbesserung der Gemeindefinanzen soll nach dem Stande von 1964 mindestens 2 Milliarden DM jährlich betragen. Auf die Berechnung nach dem Stande von 1964 wird man größten Wert legen müssen, weil sich inzwischen die Verhältnisse schon wieder zu Lasten der Gemeinden verschoben haben. Es muß auch daran erinnert werden, daß der Eberhard-Plan 1961 eine Aufstockung der Gemeindefinanzen um 25% vorsah. 1963 hätten die jetzt genannten 2 Milliarden DM noch zwei Drittel der kommunalen Verschuldung erübrigt, 1964 nur noch die Hälfte und 1966 trotz der inzwischen eingetretenen Beschränkung der Kapitalmarktinanspruchnahme nur noch etwa zwei Fünftel! Schon daraus ersieht man, wie die Verzögerung von Reformmaßnahmen Jahr für Jahr eine immer schwerere Beeinträchtigung der kommunalen Aufgabenerfüllung darstellt.

(1966)[27]

Antizyklisches Trauerspiel

Als wir zu Beginn des Jahres 1966 den erstmaligen absoluten Rückgang der städtischen Bautätigkeit voraussagten, fanden wir wenig Glauben. Als wir zu Beginn des Jahres 1967 eine weitere verschärfte Reduzierung der Bauausgaben der Städte von —14% erwarteten, sprach man von Zweckpessimismus. Als dann in den ersten neun Monaten des Jahres 1967 nach den Ergebnissen der amtlichen Statistik genau dieser Rückgang eingetreten war, erwies es sich erneut, daß mit Hilfe von Haushaltsanalysen auch im unübersichtlichen kommunalen Bereich brauchbare Daten für die Finanz- und Wirtschaftspolitik ermittelt werden können.

Was die Daten zeigen, ist ein antizyklisches Trauerspiel. Jedoch: Die Städte haben die Tragödie nicht inszeniert, sie spielen ihre Rolle nach einem Text, deren Autoren sie nicht sind. Fehleinstellungen und Fehleinschätzungen der Autoren bestimmen das Spiel. Als z.B. im Jahre 1965 die Gemeinden für die Überhitzung der Konjunktur verantwortlich gemacht wurden, wußte in Wirklichkeit niemand, wie sich die kommunalen Investitionen entwickelt haben, da die Ergebnisse der Statistik immer erst nach einer gewissen Zeit vorliegen. Die Schätzungen wiesen hohe Zuwachsraten der gemeindlichen Investitionen aus, die nie eintraten, die aber doch die Grundlage der damaligen Vorwürfe bildeten. Bei einer realen Zunahme des Bruttosozialprodukts von + 4,8% im Jahre 1965 stiegen die kommunalen Sachinvestitionsausgaben nur um + 3,8% und entsprachen damit schon damals keineswegs der Wachstumsstrategie, die eine Zunahme der öffentlichen Investitionen entsprechend dem gesamtwirtschaftlichen Produktivitätsfortschritt postuliert. 1967 war der bisherige Höhepunkt des Trauerspiels. Im Jahr der intensivsten Bemühungen um eine Wirtschaftsbelebung konnten von den Städten 450 Millionen DM weniger für Bauinvestionen ausgegeben werden als 1966 und sogar 620 Millionen DM = 17,4% weniger als 1965, obwohl das Bruttosozialprodukt seit 1965 um 6,3% gestiegen ist. Das antizyklische Trauerspiel wurde damit auch zur strukturpolitischen Tragödie!

Als sich schließlich im Frühjahr 1967 abzeichnete, daß ein zweites Konjunkturprogramm notwendig werden wird, besann man sich auf die wichtige Rolle, die die Gemeinden als Auftraggeber der

84

Wirtschaft spielten, und man bezog sie in das Programm ein. Obwohl die Gemeinden nach dem Stand ihrer Finanzmisere und auch nach den ursprünglichen Erklärungen echte Investitionszuschüsse erwarten konnten, gewährte man ihnen nur zinsverbilligte Darlehen, die durch die erneuten Zins- und Tilgungslasten die haushaltswirtschaftlichen Möglichkeiten der kommenden Jahre auf ein Minimum reduzieren.

Das Konjunkturprogramm wird erst 1968 wirksam werden.

(1968)[28]

Was wird aus der
Gemeindefinanzreform?

„Zu den großen laufenden Arbeiten des Finanzministeriums tritt diesmal noch eine echte Steuer- und Finanzreform hinzu. . . . Ausdrücklich möchte ich in diesem Zusammenhang auch sagen, daß die Bundesregierung in der kommunalen Selbstverwaltung das Fundament des demokratischen Staatsaufbaues sieht. Es wird eine ihrer vornehmsten Aufgaben sein, zur Förderung der Gemeinden beizutragen." So lautete es in der Regierungserklärung, nicht in der letzten vom Dezember 1966, sondern in der von Bundeskanzler Dr. Adenauer am 29. Oktober 1957. Mehr als zehn Jahre später, am 13. März 1968, verabschiedete die Bundesregierung den Entwurf des Finanzreformgesetzes.

Um zu verstehen, was jetzt geschieht, muß man den Bogen von 1968 zurück in die Jahre 1957/58 spannen. Der jetzt der parlamentarischen Beratung zugeleitete Gesetzentwurf ist formell die beginnende Erfüllung einer langen, jedes Jahr mit Versprechungen neu genährten Hoffnung der Gemeinden. Ob sich damit auch die materiellen Hoffnungen der Gemeinden erfüllen, ist noch die Frage.

Was ist aber seit 1959 geschehen? Diese Zeit brachte auf der einen Seite den Höhepunkt des Wirtschaftswunders, den weiteren Anstieg des Wohlstandes, 1964 die große Steuersenkung des Bundes und im Juni 1965 die große Ausgabenexplosion des Bundes. Auf der anderen Seite brachte diese Zeit den Gemeinden einen weiteren Schwund ihres Steueranteils am Gesamtsteueraufkommen, und zwar auf 11,2% im Jahre 1967. Hätten die Gemeinden noch denselben Anteil wie 1959 gehabt, dann hätten sie im Jahre 1967 2,6 Milliarden DM mehr Steuereinnahmen erhalten, davon die Städte, gegen die der Rückgang am stärksten gewirkt hatte, allein 2,1 Milliarden DM. Für die Zeit von 1960 bis 1967 macht diese Zurückdrängung des Steueranteils der Gemeinden 13,3 Milliarden DM, für die Städte allein fast 10 Milliarden aus! An den Investitionserfordernissen und an den elementaren Bedürfnissen der Daseinsvorsorge wurde vorbeiregiert.

Ein neues Moment kam in die Finanzreformdiskussion, als, gefordert von kommunaler Seite, unterstützt von der Wissenschaft und aufgegriffen von der Politik, schließlich doch die Bedeutung der öffentlichen Investitionen für die Sicherung des Wohlstandes und das weitere Wachstum der Wirtschaft mehr Anerkennung fand. Zwei positive Maßnahmen für die Gemeinden entsprangen daraus: Die Überlassung von Teilen der Kraftfahrzeugsteuer durch einige Länder an die Gemeinden und die Erhöhung der Mineralölsteuer um 3 Pfennige zugunsten der Gemeinden durch den Bund. So dankbar diese Maßnahmen von den Gemeinden empfunden wurden, so konnten sie doch die Talfahrt der Gemeindefinanzen nicht mehr genügend bremsen oder gar in eine positive Entwicklung umlenken. (1968)[29]

Ermutigende Worte —
Die erste Lesung des Finanzreformgesetzes

Die wichtigsten Eindrücke der ersten Konfrontation des deutschen Parlaments mit der Finanzreform am 8. Mai 1968: Kein Redner verzichtete auf eine breitere Erwähnung der gemeindlichen Aspekte der Finanzreform; alle Sprecher setzten sich für eine Verstärkung der Gemeindefinanzmasse ein; Bundesfinanzminister Dr. Strauß deutete erstmals an, daß die Verstärkung der Gemeindefinanzen bereits 1969 beginnen könne; der stellvertretende Fraktionsvorsitzende Dr. Möller machte klar, daß die SPD nicht bereit ist, alle Überlegungen der Bundesregierung zur Gemeindefinanzreform gutzuheißen und daß Verbesserungen und Konkretisierungen zugunsten der Gemeinden von ihr angestrebt werden.

Ein bekannter Bonner Journalist beglückwünschte uns nach der Debatte: Die Gemeinden seien doch durchweg sehr positiv behandelt worden. Gewiß, alle fanden ermutigende Worte für die Gemeinden. Bundesfinanzminister Dr. Strauß nannte das Problem beim Namen, nämlich daß man aus dem magischen Viereck — gebildet aus der Vorstellung, daß der Bund nichts abgeben könne, die Länder auf nichts verzichten könnten, der Steuerzahler nicht höher belastet werden sollte, die Gemeinden aber auch finanziell bessergestellt werden müßten — mit einem entschiedenen Schritt und mit Festlegung einer Priorität zugunsten einer Erhöhung der Gemeindefinanzen heraustreten müsse. Dr. Möller stieß noch weiter vor und nannte als Mindestverstärkungserfordernis den Betrag von 2 Milliarden DM. Dr. Müthling focht eine scharfe Klinge für eine objektive Beurteilung der Gewerbesteuer. Dr. Stecker bekannte sich zur zentralen Austauschfunktion der Großstädte. Krammig erkannte an, daß der Ersatz für eine Gewerbesteuerminderung qualitativ gleichwertig sein müsse.

Selten hat der Bundestag der Sorge für die Gemeinden eindringlicher Ausdruck verliehen. Dennoch muß die erste Lesung auch sehr nachdenklich stimmen. In den wirklich entscheidenden Fragen befindet sich das Konzept der Bundesregierung und mancher Abgeordneter immer noch auf einer Linie, die zu keiner guten Zukunft führen kann. „Ob in Zukunft die Chancen für die

Verbesserung der Infrastruktur genutzt werden oder nicht, darum geht es letzten Endes bei der Finanzreform", so schrieb „Der Volkswirt" nach der ersten Lesung am 10. Mai und fuhr dann fort: „Der Kern des Problems ist ganz einfach: Die Städte müssen mehr Geld bekommen."

Wer glaubt, den Städten käme es auf eine Besitzstandsicherung an, geht an diesem Kern vorbei. Man ruft doch nicht jahrelang nach einer Finanzreform, wenn man im Zustand der Sorge um den Besitzstand lebt! Die Forderung der Städte entstand aus den Tatsachen, daß sie ihre Bürger höher mit Steuern und Gebühren belasten müssen, höher verschuldet sind und dennoch geringere Bauausgaben leisten können als der übrige kommunale Bereich. An einem solchen Besitzstand gibt es nichts zu verteidigen, sondern nur etwas zu verbessern.

Man kann das Blatt gar nicht so wenden, daß nicht doch der wahre Kern des Finanzreformproblems, die besonders große Finanznot der Städte und zentralen Orte, sichtbar würde. Das gibt Hoffnung, zumal wir in einem Land leben, das die Statistik mit am besten als Führungsinstrument der Politik ausgebaut hat. Der Deutsche Städtetag trägt zum guten Gelingen der großen Aufgabe gerne das Seine bei: Er bezieht in seinen Vorschlägen zur Gemeindefinanzreform nicht die Gegenposition der einseitigen Berücksichtigung der Städte, sondern er schlägt ein Konzept vor, das allen Gemeinden helfen würde. (1968)[30]

Panta rhei

Seit 1964 haben wir auf dem Gebiet der Finanz- und Konjunkturpolitik eine überaus abwechslungsreiche Zeit erlebt. Wie sehr das
Heraklitische „panta rhei", die Erkenntnis, daß ein Zustand immer
ein Werden ist, besonders auch für das gesamtwirtschaftliche Geschehen selbst und für seine Beurteilung gilt, zeigen die letzten vier
Jahre überaus deutlich.

Begonnen hat diese deutsche konjunkturpolitische Epoche in der
Hochkonjunktur mit der großen Steuersenkung 1964 und der
Wahlgeschenkwelle des Jahres 1965, der nachfolgenden beschleu-
nigten inflatorischen Entwicklung und dem Zusammenbruch des
Kapitalmarktes; es folgten die Restriktionspolitik der Bundesbank
einerseits, die Zerrüttung des öffentlichen Zentralhaushalts an-
dereseits; es kamen schließlich die Rezession der Jahre 1966/67, die
Konjunkturprogramme, die durch ihre Initialzündung maßgeblich
zur Wiederbelebung der Konjunktur beigetragen haben, sowie die
mittelfristige Finanzplanung mit dem Versuch, die Bundesfinanzen
in dauerhafte Ordnung zu bringen.

Mit dieser Entwicklung änderten sich die Beurteilungen, deutlich
sichtbar am Werden des Gesetzes zur Förderung des Stabilität und
des Wachstums der Wirtschaft. Dieser Gesetzentwurf wurde Mitte
1966 zunächst mit der Begründung eingebracht, in der Nachkriegszeit seien das wirtschaftliche Wachstum und ein damit steigender
Beschäftigungsgrad kaum je gefährdet gewesen, und der allgemeine
Zustand der Weltwirtschaft, die internationale Währungsordnung
und die zuvorderst auf eine starke Expansion der Wirtschaftstätigkeit gerichtete Wirtschafts-, Sozial- und Entwicklungspolitik
der westlichen Welt machten es unwahrscheinlich, daß sich daran
im nächsten Jahrzehnt Wesentliches ändert. Zu einer Änderung
reichte ein knappes halbes Jahr: Von den vier klassischen Zielset-
zungen der Wirtschaftspolitik waren über Nacht das wirtschaftliche
Wachstum sowie die Vollbeschäftigung am meisten gefährdet.

Mit dem Wandel der Beurteilungen änderte sich ebenso schnell das
konjunkturpolitische Geschehen. Aus dem Stabilitätsgesetzent-
wurf wurde das Gesetz zur Förderung der Stabilität und des Wachstums der Wirtschaft. Alles ist so sehr in Bewegung geraten, daß es
heute noch schwierig ist, die moderne Konjunktursteuerung zutreffend zu würdigen und daß selbst im Hauptgutachten wegen seines Abschlusses Mitte März 1968 wesentliche Tatbestände nicht
mehr erfaßt werden konnten. (1968)[31]

Erfüllte Hoffnungen

In der zweiten Hälfte der 50er Jahre ist in der Bundesrepublik ein Vorstoß für eine größere Gemeindefinanzreform gescheitert. 1960 hat dann der Deutsche Städtetag eine Initiative für eine Gemeindefinanzreform eingeleitet. Hierbei wurde auch sehr genau der zu dieser Zeit in Österreich eingeführte neue Finanzausgleich aufgrund des Gesetzes von 1959 geprüft. Eine ganze Reihe von Punkten dieser Finanzausgleichsreform von 1959 hat in Deutschland großen Eindruck gemacht. Dennoch ist man damals im Deutschen Städtetag zu dem Ergebnis gelangt, daß man den Weg der großen verbundenen Steuerwirtschaft nicht in gleicher Weise gehen könne wie in Österreich, da die verfassungsrechtlichen Grundlagen für eine gleichberechtigte Beteiligung der Gemeinden am Finanzausgleich in Deutschland nicht im gleichen Maße gegeben waren wie in Österreich. Ferner sind auch die faktischen Grundlagen für eine gleichberechtigte Behandlung der Gemeinden in Deutschland anders als in Österreich. In Deutschland ist der Einfluß der Länder erheblich stärker, und jede Aufteilung der Steuern in Anteile müßte in Deutschland zu einer überdimensionalen Ausdehnung des Finanzausgleichs in den Ländern führen und eine Einschränkung der Finanzautonomie der Gemeinden zur Folge haben. Der Deutsche Städtetag hat sich deshalb damals das Ziel gesetzt, die Stellung der Gemeinden weniger über den verfassungsrechtlichen Weg als vielmehr über den steuerrechtlichen Weg zu verbessern. Dazu gehörte vor allem die Vorstellung, daß die Gemeindesteuern um eine Gemeindeeinkommensteuer ergänzt werden sollte. Außerdem hoffte man damals bei den Gemeinden in der Bundesrepublik, die Gewerbesteuer noch erhalten zu können, und zwar als Gewerbesteuer mit Hebesätzen, während diese ja bei der österreichischen Finanzausgleichsreform eingefroren wurden und die Gewerbesteuer mit festen Anteilen auf Bund und Gemeinden aufgeteilt worden ist. Die Hoffnungen hinsichtlich der Gewerbesteuer haben sich bis jetzt erfüllt. (1969)[32]

Der Boom und seine Folgen

Qualitativ hat die Finanzreform den Gemeinden gewiß nicht eine Finanzautonomie im Miquelschen Sinne und Umfang beschert. Jedoch können die positiven Wirkungen der Reform nicht geleugnet werden. Die Beteiligung der Gemeinden an der Einkommensteuer kann die Grundlage für eine dritte große Steuersäule der Gemeinden bilden und dem Gemeindesteuersystem insgesamt wieder zu mehr Ausgewogenheit verhelfen. Daß für die Gemeinden der Wohntatbestand steuerrelevant wird, kann für das kommunalpolitische Denken, das bisher etwas zu einseitig auf die Gewerbesteuer ausgerichtet war, nicht ohne Wirkung bleiben. Es ist auch nicht zu verkennen, daß die Einkommensteuerbeteiligung diejenige Steuerquelle der Gemeinden sein wird, die über die größte Aufkommenselastizität verfügt. Bedauerlich ist, daß die Beteiligung auf die untere Steuertarifzone beschränkt und den Gemeinden eine Hebesatzspanne zunächst verweigert wurde. Der Schritt zur echten Gemeindeeinkommensteuer steht also noch aus.

Ein neues finanzpolitisches Element bedingt aber die Einkommensteuerbeteiligung bereits jetzt: Der Steuerverbund der Gemeinden, der bisher — von den 3 Pfennig Mineralölsteuer einmal abgesehen — auf die Länder beschränkt war, umfaßt jetzt auch den Bund. Der Bund besitzt jetzt ein unmittelbares Instrument, um auf die Höhe der Gemeindefinanzmasse Einfluß nehmen zu können. Da außerdem in dem neuen Artikel 104a GG eine Finanzierungskompetenz des Bundes für bestimmte Aufgaben, darunter auch solche der Gemeinden, geschaffen wurde, ist eine instrumentale Konkurrenz in den finanzpolitischen Steuerungsmöglichkeiten des Bundes für die Gemeinden gegeben. Wenn sich erweisen sollte, daß diese beiden Instrumente sich wie kommunizierende Röhren verhalten, könnten sich für die kommunale Finanzautonomie noch schwerwiegende Probleme ergeben.

Ein drittes Instrument des Bundes zur direkten Steuerung der Gemeindefinanzen stellt das Institut der Gewerbesteuerumlage dar. Die VI. Legislaturperiode wird erweisen, ob dieses Rechtsinstitut von längerer Dauer oder nur eine Übergangslösung bis zur Steuerreform ist. Da die Höhe der Gewerbesteuerumlage verfassungsrechtlich nicht begrenzt ist, stellt sie institutionell eine Gefährdung der Realsteuergarantie des Grundgesetzes dar. Die Finanzreform bedarf deshalb nicht nur wegen der Gemeindeeinkommensteuer, sondern auch bezüglich der Gewerbesteuer ergänzender Regelungen in der Steuerreform.

Wenn hierbei die Gewerbesteuer selbst zur Reform aufgerufen wird, dann werden sich die Fronten vielleicht etwas neu formiert haben. Gewiß werden wieder die alten Gegner der Gewerbesteuer ihre steuersystematischen Bedenken vorbringen. Betrachtungsänderungen könnten sich aber zum Teil bei den Gemeinden und auch bei der Wirtschaft und Industrie ergeben. Bereits jetzt, wenige Wochen nach Inkrafttreten der Gemeindefinanzreform ist festzustellen, daß die Wohngemeinden die Vorteile der Einkommensteuerbeteiligung als industriefreie, risikoärmere Einnahmequelle schätzenlernen; man kann verschiedentlich bereits eine Interessenverlagerung von der Industrie- zur Einwohneransiedlung verspüren. Die Wirtschaft und Industrie andererseits würdigt zunehmend die Bedeutung der Gewerbesteuer als finanzielles Interessenband zu „ihren" Gemeinden und vermag immer weniger anzuerkennen, daß der Weg über den Steuereintopf des Bundes besser sei als der direkte Weg zu den Gemeinden. Aus den Erfahrungen der bisherigen Gemeindefinanzreform könnte sich deshalb die Möglichkeit einer gemeinsamen Betrachtungsweise auf der Basis einer vernünftig bemessenen Gewerbesteuer ergeben.

In der Erhöhung der Gemeindefinanzmasse ist die bisherige Reform ein größerer Erfolg als ursprünglich angenommen. Es waren 1,3 Milliarden DM Verbesserung erwartet worden. Infolge der stärker steigenden Steuereinnahmen kann die Verbesserung für 1970 zur Zeit auf 1,81 Milliarden DM angesetzt werden. 1971 wird dieser Betrag bereits auf ca. 2,2 Milliarden DM angestiegen sein. Allerdings führt diese quantitative Verbesserung der Gemeindefinanzen nicht zu dem angestrebten Ziel einer Leistungssteigerung auf dem kommunalen Investitionssektor. Das gesamte Mehr fließt 1970 in die Personalkostensteigerungen und in die Preissteigerungen bei den Sachinvestitionen. Insoweit bringen der Boom und seine Folgen die Gemeinden um den Erfolg ihrer Finanzreform.

(1970)[33]

Schlüssel der Verteilung —
Schlüssel des Verstehens

Wenn der Hauptgeschäftsführer des Deutschen Städtetages zur kommunalen Finanzlage Stellung nehmen soll, erwartet man das übliche Requiem, das mit der Forderung nach einer Erhöhung des kommunalen Anteils am Gesamtsteueraufkommen endet. Mit vielen Zahlen wird erneut zu untermauern sein, daß die Gemeinden die Hauptträger der öffentlichen Investitionen sind, die sie zu zwei Dritteln durchführen. Ihre Gesamtausgaben betrugen im vergangenen Jahr (1975) 123 Milliarden DM. Hinweise auf den kleinsten Steueranteil der Gemeinden und auf die höchsten Pro-Kopf-Schulden der Städte runden dann das Bild ab, das ich in Abwandlung eines Lorenz-von-Stein-Wortes aus dem vergangenen Jahrhundert beschreiben möchte: Es kostet einen Staat und es kostet eine Volkswirtschaft viel an Wachstumsverlust und urbaner Lebensqualität, wenn sie sich ihre hochinvestiven Gemeinden zu wenig kosten lassen.

Zweiter Ausgangspunkt meiner nur knappen Einleitung ist eine andere Erscheinung, die ich vielleicht auf die Formel bringen kann: Die letzten Jahre haben in der innenpolitischen Diskussion eine thematische Verengung auf Fragen der Stabilität, der Arbeitsplatzsicherung sowie der globalen Fiskalpolitik gebracht. Große Zahlen und Analysen bestimmen die Diskussion, liefern aber nicht immer plausible Erklärungen.

So kann man — was die Lage der Gemeindefinanzen anbetrifft — im Finanzbericht 1976 nachlesen: Die Anteile der Länder, der Gemeinden — die Gewinne der Gemeinden aus der Finanzreform gingen auch im Jahre 1974 zum überwiegenden Teil zu Lasten des Bundes — und der EG an den Steuereinnahmen stiegen auch 1974 an. Man könnte so zu einer gewissen globalen Zufriedenheit neigen.

Die sechs Thesen der Bundesbank zur finanziellen Entwicklung der Gemeinden

In einer sehr differenzierten Analyse hält dem die Deutsche Bundesbank im Monatsbericht vom April 1976 allerdings Argumente entgegen, die ich in sechs Thesen formulieren darf:

94

These 1: „Die Hoffnung der Gemeinden, daß sich ihre Einnahmen-struktur nach der Beteiligung an den Einkommensteuern im Rah-men der Finanzreform zugunsten der eigenen Steuereinnahmen verlagern würde, hat sich somit nicht erfüllt.“

These 2: „Wie in diesen Berichten schon des öfteren dargelegt, sind die Gemeinden aus eigener finanzieller Kraft zu einer antizykli-schen Ausgabenpolitik kaum in der Lage, weil sie das weitere An-steigen der Schuldenlast und die Folgekosten von Investitions-projekten scheuen müssen.“

These 3: „Der steile Anstieg der laufenden Ausgaben im letzten Jahr entspricht mehr oder weniger dem mittelfristigen Trend. Insbe-sondere der Anteil der Renten und Unterstützungen an den Ge-samtausgaben ist seit Beginn der 70er Jahre kräftig gewachsen. Hier schlug auch die von den Gemeinden oft beklagte Mehrbela-stung durch die Verbesserung von auf Bundesebene beschlossenen Leistungsgesetzen zu Buche, der freilich auf der Einnahmenseite teilweise entsprechend steigende Erstattungen durch die zentralen Haushalte gegenüberstanden. Auch der seit langem zunehmende Personalkostenanteil hat sich weiter — nämlich auf inzwischen fast 30% der Haushaltsvolumen — erhöht. Diese Quote weitete sich sogar stärker aus als bei Bund und Ländern, weil die Gemeinden in letzter Zeit von der tarifpolitischen Praxis, neben prozentualen Verbesserungen für alle Einkommensgruppen absolut gleiche Er-höhungsbeträge bzw. bestimmte Mindestsummen zu gewähren, be-sonders stark betroffen wurden.“

These 4: Diese These der Bundesbank darf ich mit meinen eigenen Worten schildern: Die Bundesbank stellt schon global fest, daß dem Gewinn aus der Gemeindefinanzreform des Jahres 1969 ein stiller, versteckter, heimlicher Finanzausgleich zuungunsten der Gemein-den folgte. In der Tarifpolitik, in den Leistungsgesetzen, bei der Steuer- und Kindergeldreform. Die Bundesbank weist auf einen weiteren Tatbestand hin: Durch die Ende 1975 mit dem Haushalts-strukturgesetz beschlossenen Maßnahmen und durch die für 1977 von der Bundesregierung geplanten Steuererhöhungen sollen nahe-zu allein die Deckungslücken bei Bund und Ländern vermindert werden. Die Gemeindehaushalte dagegen werden von der geplan-ten Mehrwertsteuererhöhung per Saldo eher negativ betroffen. Bei ihnen dürften nämlich die durch die Mehrwertsteuererhöhung be-dingte Preiserhöhung für den Sach- und Personalaufwand sowie die Investitionen höher sein als die über den Finanzausgleich bezogenen zusätzlichen Einnahmen. Nachdem die Bundesbank alle diese verborgenen Auszehrungstatbestände der kommunalen Haushalte aufgezählt hat, kommt sie folgerichtig zu einem ganz anderen Ergebnis der Gemeindefinanzreform als der Bundesfinanzminister.

These 5: „Andererseits ist der Anteil der Investitionsausgaben seit Anfang der 70er Jahre ganz erheblich gefallen. Bisher gab es keine Periode, in der sich die Ausgabenstruktur der Gemeinden so nachhaltig zuungunsten der Investitionen veränderte."

Selbst wenn die Bundesbank die sinkende Investitionsquote der Gemeinden auch mit einer gewissen Abnahme der Dringlichkeit von Investitionen in bestimmten Bereichen erklärt, denen aber zunehmende Dringlichkeiten in anderen Bereichen, besonders im Verkehrs- und Entsorgungsbereich gegenüberstehen, kommt sie zu dem Ergebnis: Die Ausstattung der Gemeinden mit zusätzlichen eigenen Einnahmen bedarf der erneuten Überprüfung. Denn die Bundesbank sieht nach dem Haushaltsstrukturgesetz und der beabsichtigten Mehrwertsteuererhöhung den alten Circulus vitiosus wieder heraufziehen:

These 6: „Damit würde die Tendenz wiederaufleben, daß die Gemeinden mehr als Bund und Länder ihre Ausgaben über Kreditaufnahmen finanzieren und wesentlich stärker als die zentralen Haushalte mit Zinsausgaben belastet werden.

Lassen Sie mich sachlich feststellen, daß dies nicht das alte kommunale Lied, sondern eine moderne Partitur der Deutschen Bundesbank war, der ich für ihren eingehenden Bericht danke.

Die Entwicklung der Gemeindefinanzverfassung

Der Bericht beschreibt das Ergebnis einer Entwicklung, die mit der Selbstverwaltungsidee Anfang des 19. Jahrhunderts begann. Mit diesem Hinweis verbinde ich meine Reverenz vor dem Namengeber Ihrer Gesellschaft. Die erste umfassende Ausformung erhielt das Gemeindefinanzsystem erst Ende des 19. Jahrhunderts durch Miquel im Preußischen Kommunalabgabengesetz von 1893. Die Gemeinden hatten drei große direkte Steuern, und zwar die damals noch sehr bedeutsame Grundsteuer, die Gewerbesteuer und als ergiebigste Einnahmequelle das Zuschlagsrecht zur Einkommensteuer.

1918/19 brachte neue Ideen und neue Formen. Der Selbstverwaltungsgedanke erhielt Konkurrenz durch die Vorstellungen vom Vorrang des Reiches und von der Umverteilung der Einkommen durch Steuern. Erzbergers Finanzreform nahm den Gemeinden das Recht, eigene Einkommensteuerzuschläge zu erheben. An ihre Stelle trat erstmals die Überweisung von Anteilen an den großen Reichssteuern, zunächst noch bei der Einkommen- und Körperschaftsteuer nach dem Maßstab des örtlichen Aufkommens. Nach wenigen Jahren waren Finanzzuweisungen daraus entstanden. Es war der Beginn des Verbundsystems.

Bei der nächsten Zäsur, dem Grundgesetz von 1949, war die gemeindliche Selbstverwaltung finanzpolitisch zunächst sehr schwach konstruiert worden. Erst mit der Grundgesetzänderung vom 24. Dezember 1956 wurden die Realsteuern den Gemeinden garantiert und die Länder zu einem Steuerverbund mit den Gemeinden verpflichtet. Damit war der Bruch im Grundgesetz zwischen dem verhältnismäßig starken Art. 28 Abs. 2 und den schwachen finanzverfassungsrechtlichen Vorschriften, insbesondere des Art. 106, geheilt.

Nächste Station war das Gesetz vom 23. Dezember 1966; die Gemeinden erhielten aus der Mineralölsteuer 3 Pfennig je Liter. Diese Regelung kann nicht hoch genug eingeschätzt werden: Mit ihr erhielt der innerstädtische Verkehrsausbau den bisher wichtigsten Impuls dieses Jahrhunderts. In den kleineren Gemeinden liegt die Baulast der klassifizierten Straßen bei Bund und Ländern, Bund und Länder hatten aber mit dem Verkehrsausbau schon Anfang der 50er Jahre begonnen. Die Städte waren demgegenüber dem Verkehrsgeschehen ausgesetzt geblieben und dem Verkehrschaos nahe, und zwar als Folge investitionsarmer Jahrzehnte, einer sprunghaft gestiegenen Bevölkerungszahl, einer ursprünglich unvorstellbaren Motorisierungswelle und einer enormen Zunahme der Mobilität der Menschen. Am 1. Januar 1967 kam für viele Städte die Wende.

Der jüngste Meilenstein ist die Finanzreform von 1969. Für die Gemeinden (Gv) waren insbesondere das Finanzreformgesetz vom 12. Mai 1969 und das Gemeindefinanzreformgesetz vom 8. September 1969 von Bedeutung. Der Grundgedanke der Reform bestand darin, einen Teil der Gewerbesteuer von den Gemeinden wegzunehmen (40% durch Umlage zu gleichen Teilen an Bund und Länder) und dafür den Gemeinden einen Anteil an der Einkommensteuer

(14% zu gleichen Teilen von Bund und Ländern nach einem gewissen örtlichen Schlüssel zu geben. Diese Operation bestimmt wesentlich die heutige Stellung der Gemeinden in der Finanzverfassung.

Die Lage der Gemeindefinanzen hängt nicht nur vom Anteil am Gesamtsteueraufkommen ab, sondern mindestens ebenso von der Art seiner Verteilung.

Seit der Weimarer Zeit, besonders seit Popitz, stoßen sich bei der Verteilungsdiskussion zwei grundsätzliche Schlüssel im Raum:

Der eine versteht sich als Maßgröße „Kopf der Bevölkerung", der sich von einer altehrwürdigen statistischen Bezugsgröße bei vielen zur heimlichen Zielvorstellung gemausert hat. Hinter dieser Maßgröße steht die Auffassung, kommunaler Bedarf ist eine Folge des Wohntatbestandes, kommunale Bedarfsdeckung richtet sich in erster Linie auf die Versorgung der Bevölkerung mit kommunalen Dienstleistungen der vielfältigsten Art, die mit dem Wohnen zusammenhängen.

Die zweite Auffassung, die in der reinsten Form noch in der Weimarer Zeit verwirklicht war, ordnete hauptsächlich nach dem — wie man es damals nannte — Forensalprinzip zu, d.h. das Steueraufkommen wurde hauptsächlich nach dem wirtschaftlichen Ursprung verteilt. Dahinter stand wieder eine Auffassung, die auch gemessen an modernen finanztheoretischen Erkenntnissen zutrifft und die Miquel in seiner berühmten Denkschrift vom 2. November 1892 zu den Entwürfen der preußischen Steuerreformgesetze wie folgt beschrieb:

„Die Gemeinde ist wesentlich ein wirtschaftlicher Verband. Wenngleich die Gemeinden in vielen Beziehungen an der Erfüllung unmittelbarer Staatszwecke beteiligt sind, so haben sie doch an erster Stelle diejenigen Vorbedingungen zu erfüllen, auf denen das nachbarschaftliche, wirtschaftliche Zusammenleben und die Erwerbstätigkeit ihrer Einwohner beruhen. Hierauf bezieht sich ein großer, oft der größte Teil der kommunalen Aufwendungen. Ein Teil der Ausgaben der Gemeinden gereicht gewiß allen Einwohnern mehr oder minder gleichmäßig zum Vorteil; ein anderer Teil der Ausgaben kommt aber ganz oder überwiegend den mit der Gemeinde untrennbar verbundenen Objekten — Grund- und Hausbesitz und Gewerbebetrieb — zugute und erhöht deren Wert oder

wird durch sie veranlaßt: Eine feste Grenze zwischen diesen beiden-
Teilen der Ausgaben läßt sich allgemein nicht ziehen." Trotzdem
wies schon Miquel, der im Grunde noch — wie das Zitat deutlich
zeigt —, um es nationalökonomisch auszudrücken, von dem
„geschlossenen Modell" einer Stadtwirtschaft ausging, darauf hin,
daß der Erwerbstatbestand, und damit beispielsweise die kommunalen Verkehrs-, Ver- und Entsorgungsleistungen bei der Einwoh-
nerdiskussion nicht zutreffend gewürdigt werden.

Allein in den kreisfreien Städten — eine andere Untergliederung ist
statistisch leider noch nicht möglich — wird — bei einem Bevölke-
rungsanteil von etwa einem Drittel — nahezu die Hälfte des Brutto-
inlandsproduktes der Bundesrepublik erarbeitet. Während die
Sachinvestitionsausgaben aller Gemeinden und Gemeindeverbände in den Jahren 1962 bis 1975 jeweils immer zwischen 60% und
65% der öffentlichen Hand betrugen, beläuft sich die Investitionsquote der Städte — Wohnbevölkerung 32%, Inlandsprodukt 46%,
Wirtschaftsbevölkerung 40% — im langfristigen Durchschnitt auf
19%.

Damit ist wohl die Schlußfolgerung erlaubt und notwendig: Die
wirtschaftlichen Zentren unseres Landes, Hauptarbeitgeber der
Nation, haben nicht den ihnen gemäßen Rang bei der Verteilung
der Finanzmittel. Die Wachstumspole, die größeren wie die kleineren, müssen im Finanzsystem des Bundes und im Finanzausgleich
der Länder die ihnen volkswirtschaftlich zukommende Stellung
erhalten.   (1976)[34]

Wenn Matthöfers Modell verwirklicht würde, hätten fast alle das Nachsehen

Das am 30. August 1978 beschlossene Steuerpaket der Bundesregierung hat in vielen Städten große Erregung hervorgerufen, die wiederum zu einer lebhaften Diskussion in der Öffentlichkeit geführt hat. Im Mittelpunkt der Auseinandersetzung steht die beabsichtigte Beseitigung der Lohnsummensteuer. Das Steuerpaket kostet die Kommunen aber auch in seinem Einkommensteuer- und im Mehrwertsteuerteil Geld, insgesamt im Jahre 1980 ca. 6 Milliarden DM und im Jahr 1982 schon mehr als 8 Milliarden DM.

Noch niemals in der Nachkriegsgeschichte wurden in so kurzer Zeit so viele und so umfangreiche finanzielle Verschlechterungen der Gemeindefinanzen vorgenommen. Von 1975 bis 1977 wurden allein die Gewerbesteuern dreimal massiv gesenkt mit der finanziellen Folge von minus 1,3 Milliarden DM in diesem Jahr.

Zwar meinten die Städte dann im Herbst des vergangenen Jahres etwas Hoffnung schöpfen zu können, da der Bundeskanzler die kommunalen Investitionen gefährlich sinken sah und sein Interesse an einer Belebung der kommunalen Investitionstätigkeit zeigte. Der abrupte, praktisch über Nacht erfolgte neuerliche Eingriff in die Gemeindefinanzstruktur, der ein bisher nicht gekanntes Ausmaß annahm, mußte einen Schock auslösen.

Die erste Folge ist Unsicherheit, die noch gesteigert wird durch die Verwirrung, die das Hauruckverfahren in dem recht komplizierten finanzwirtschaftlichen Geflecht unseres föderalistischen Staates auslösen mußte. Und das alles jetzt in der Zeit der Haushaltsplanaufstellung 1979! Die ersten Städte haben bereits Investitionsprojekte gestrichen und die Finanzplanung ausgesetzt. Konjunkturpolitisch tritt genau das Gegenteil der von der Bundesregierung beabsichtigten Wirkung ein.

Im Mittelpunkt der Auseinandersetzung steht die Lohnsummensteuer. Welche Funktion hat diese Steuer eigentlich? Solange es in der Wirtschaft Unternehmen und Bereiche gibt, die keinen oder nur einen geringen Ertrag haben, die aber dennoch nicht vom Markt verschwinden und auch nicht verschwinden können und sollen,

sondern die wesentliche Teile unseres Wirtschafts-, Gesellschafts-
und Kommunalgefüges bleiben, so lange muß es auch ein finanzielles Band zwischen diesen Unternehmen und ihrer Gemeinde geben.

Wenn die Lohnsummensteuer jetzt beseitigt würde, dann müßten
zumindestens drei Folgen mitverantwortet werden:

Da diese Steuer die einzige wesentliche Möglichkeit ist, ertrags-
schwache Wirtschaftsregionen zum Tragen der kommunalen
Lasten heranzuziehen und die Gemeinden auch in extremen Strukturen handlungsfähig zu halten, muß ihre Beseitigung zwangsläufig
zu einer Schwächung dieser Regionen führen. Jetzt wird bereits
vom Stiefkind Ruhrgebiet gesprochen; wie würde es dann in einigen
Jahren aussehen?

Kein ausgewogenes kommunales Steuersystem kann auf objektbe-
zogene Tatbestände verzichten. Die Lohnsummensteuer oder noch
besser das, was durch eine vernünftige Reform aus ihr gemacht
werden könnte, ist eine geeignete Grundlage für eine Objektsteuer.
Im Augenblick herrscht zwar eine Steuervereinfachungseuphorie,
aber bald wird man gute Besteuerungsgrundlagen wieder zu schät-
zen wissen. Nicht durch Zufall ist der Nestor der deutschen Finanzwissenschaft, Prof. Fritz Neumark, ein energischer Verteidiger der
Lohnsummensteuer und haben sich renommierte Gutachten für
diese Steuer ausgesprochen. Es spricht nicht für die Politik, wenn
sie dies alles vom Tisch wischt.

Es ist auch kein Zufall, daß Frankreich mit der Taxe professionelle
einen Weg der Lohnsummenbesteuerung beschritten hat. Mit der
Beseitigung der deutschen Lohnsummensteuer würde eine positive
Entwicklung für die europäische kommunale Selbstverwaltung
abgeschnürt.

Wenn der verhängnisvolle Schritt einer Beseitigung der Lohnsummensteuer erfolgen und dem Ausgleichsmodell des Bundesfinanzministers grünes Licht gegeben würde, dann wären am Ende fast
alle geschädigt: viele mittelständische Betriebe, die im Ergebnis
eine höhere Gewerbesteuerlast zu tragen hätten. Die betroffenen
Städte, weil ihre Finanzautonomie und ihre finanzielle Basis
beschnitten würde und Investitionsaufträge abrupt storniert werden müßten. Die Bundesregierung, weil sich ihr Versprechen, einen
„substantiellen" Beitrag zur Belebung der Konjunktur zu leisten, in
diesem Bereich kaum realisieren lassen würde.   (1978)[35]

Phänomen Lohnsummensteuer

Es ist ein Phänomen: Seit Wochen erobert eine vergleichsweise kleine Steuer, die bis Ende Juli nur einige Fachleute kannten, die Schlagzeilen der deutschen Presse und hält die Medien in Atem.

Es ist kein Phänomen, wenn man die Funktion der Lohnsummensteuer berücksichtigt: Solange es in der Wirtschaft Unternehmen und Bereiche gibt, die keinen oder nur einen geringen Ertrag haben, die aber dennoch nicht vom Markt verschwinden und auch nicht verschwinden können und sollen, sondern die wesentliche Teile unseres Wirtschafts-, Gesellschafts- und Kommunalgefüges bleiben, so lange muß es auch ein finanzielles Band zwischen diesen Unternehmen und ihrer Gemeinde geben. So gesehen ist die Lohnsummensteuer kein „süßes Gift", sondern das letzte Band zwischen Wirtschaft und Gemeinde, die letzte Chance, durch die die Gemeinde auch in extremen Strukturen in der Lage ist, das Ihre für die Wirtschaft zu tun.

Man bietet Alternativen, nämlich Verlagerung der Gewerbesteuer von der Lohnsumme auf Ertrag und Kapital. Sind einige Wirtschaftsverbände (der Rheinisch-Westfälische Handwerkerbund ist beispielsweise eine erfreuliche Ausnahme) so naiv, nicht den Pferdefuß dahinter zu sehen? Oder denken sie etwa schon um zwei Ecken und an die völlige Beseitigung der Gewerbesteuer? Dann sollten sie auch gleich um die dritte Ecke denken und sich die Situation generell ohne finanzielles Band zwischen Wirtschaft und Gemeinde vor Augen führen. Wenn es richtig ist, was Rommel als Präsident des Deutschen Städtetages vor wenigen Tagen feststellte, und es ist richtig, nämlich, daß es neben der ordnungspolitischen Entscheidung für die soziale Marktwirtschaft der in die Gemeindefinanzverfassung eingebaute Zwang zur Wirtschaftsförderung auf kommunaler Stufe gewesen ist, der die Bundesrepublik wirtschaftlich stark gemacht hat, dann müßte die Phantasie ausreichen, sich die künftige Entwicklung auszumalen.

Jene, die heute die Hatz auf die Objektsteuern betreiben, sollten auch ihre Archive prüfen, ob sie nicht zu jenen gehören, die noch vor kurzem die Gemeinden vor den sogenannten konjunkturempfindlichen Ertragssteuern gewarnt haben und den Gemeinden aus konjunkturellen Gründen zur Verstetigung der kommunalen Haushalte die Objektsteuern ans Herz gelegt haben.

Man sollte überhaupt mehr prüfen. Die so harmlos erscheinende Lohnsummensteuer erwies sich als Schlüsselstein in einem komplizierten Gefüge. Für die Gemeindefinanzreform von 1969 hat man Jahre der Beratung benötigt. Die jetzt vorgesehenen Maßnahmen erhalten ähnliche Dimensionen, wurden aber in einer Nacht geschaffen. Dies ist vielleicht das größte Phänomen.   (1978)[36]

Ende ohne Schrecken oder . . .?

Im Steuerreform- und Steuerverteilungskampf ist der Schlußgong einer weiteren Runde ertönt. Die nächste Runde kommt gewiß. Die Pause gilt es zu nutzen, nicht nur um Blessuren zu heilen, sondern auch die kommunale Taktik und die strategische Lage im Steuerverteilungskampf zu überprüfen.

Um mit den Blessuren zu beginnen: Die Städte und Gemeinden haben — wieder einmal — viel einstecken müssen. Für sie ist nur ein schwacher Trost, daß ihnen permanent bescheinigt wird, wie hart sie im Nehmen sind. Bezogen auf die Gewerbesteuer gingen sie nämlich schon mit kaum vernarbten Wunden in die neue Steuerrunde. Negativbilanz allein des Steuerpakets 1977 für die Städte und Gemeinden: ein jährliches Steuerloch von 3 Milliarden DM, und zwar nach Gegenrechnen vorher allseits versprochener Ausgleichszuweisungen der Länder aus ihren erhöhten Umatzsteueranteilen.

Kein Wunder also, daß die nach dem Bonner Weltwirtschaftsgipfel von der Bundesregierung beschlossene Abschaffung der Lohnsummensteuer und die nochmalige Heraufsetzung des Gewerbeertragsteuerfreibetrages zum 1. Januar 1980 von den Städten und Gemeinden als unerlaubter Tiefschlag empfunden wurde und einen bundesweiten Proteststurm auslöste, bezeichnenderweise auch solcher Kommunen, die selbst die Lohnsummensteuer gegenwärtig gar nicht erheben.

Mit gutem Grund. Denn recht bald war zu erkennen, daß für viele Politiker die Abschaffung dieser sehr zu Unrecht arbeitsplatzfeindlich apostrophierten Steuer offenbar nur „Einstieg" in eine völlige Verstümmelung oder gar Beseitigung jedweder Gewerbebesteuerung sein sollte.

Nach allen kommunalen Bekenntnissen vieler Politiker der letzten Jahre wäre eigentlich von vornherein eine gemeindefreundlichere Steuerreformpolitik zu erwarten gewesen. Oder sollte hier einfach übersehen worden sein, daß die Gewerbesteuerhoheit der Städte und Gemeinden einer der wichtigsten Eckpfeiler unserer Gemeindeselbstverwaltung ist? Einer Selbstverwaltung, die wie kaum eine andere in der Welt wirtschaftsorientiert, ja wirtschaftsfreundlich ist! Will man diese Epoche der Wirtschaftsförderung, des

Aufbaues, der Investitionsfreude mit Gewalt beenden? Warum nur, so fragt man sich außerdem, sind die Vertreter der Städte bei den Arbeiten zu einem steuerlichen Konjunkturpaket nicht frühzeitig zu Rate gezogen worden? Viel Ärger wäre erspart geblieben.

Dies gilt auch für die beschlossene Abschaffung der Lohnsummensteuer, eine nach wie vor sachlich falsche Entscheidung, die mehr Probleme aufwirft, als sie zu lösen vorgibt. Zwei Fragen bleiben auf jeden Fall: Was geschieht — auf Dauer — für jene strukturschwachen Städte und Gemeinden, für die die Lohnsummensteuer erdacht worden war und für die sie im derzeitigen Steuersystem die einzige Lösung ist? Und wie lange werden wir auf die Lohnsumme als qualitativ gute Besteuerungsgrundlage wirklich verzichten können, nachdem Frankreich sie mit der „Taxe professionelle" in den letzten Jahren so erfolgreich ausgebaut hat?

Vielleicht wird man bald bedauern, mit der völligen Beseitigung der Lohnsummensteuer eine Brücke abgebrochen zu haben. Es bleibt unverständlich, warum in Bundestag und Bundesrat der Alternativvorschlag des Deutschen Städtetages zur Absenkung der sogenannten Meßzahlen zur Ermittlung der Gewerbesteuern nach Ertrag, Kapital und Lohnsumme in einem ausgewogenen Verhältnis nicht ernsthaft geprüft worden ist. Auf diesem Wege hätte das Gewerbesteuerentlastungsziel, Hauptanlaß der ganzen Gewerbesteuerdebatte, einfacher und für alle Gewerbesteuerzahler gleichmäßiger sichergestellt werden können. Außerdem wäre die kommunale Finanzautonomie nicht in Frage gestellt worden. Und schließlich hätte man sich die jetzt unausweichliche Komplizierung der Finanzausgleichsbeziehungen zwischen Bund, Ländern und Kommunen erspart.

Zugegeben, der nunmehr durchgesetzte steuerliche Ausgleich für die Städte und Gemeinden über eine Anhebung ihres Einkommensteueranteils auf 15% und eine Reduzierung der an Bund und Länder abzuführenden Gewerbesteuerumlage um ein Drittel ist erheblich besser als das ursprüngliche Angebot des Bundesfinanzministers und der Bundesregierung und in der Globalbetrachtung als akzeptabler Kompromiß anzusehen. Ein fader Nachgeschmack bleibt indes für alle. Für den Bund, weil er nunmehr zusätzliche Länderforderungen in den Umsatzsteuerneuverteilungs-Verhandlungen auf sich zukommen sieht; für die Länder, in denen Lohnsummensteuer erhoben wird, weil sie in jedem Fall für einen Spitzenausgleich der besonders hart getroffenen Städte und

Gemeinden geradestehen müssen; für alle Lohnsummensteuer erhebenden Kommunen, weil ihnen eine kräftige Anhebung ihrer Hebesätze für die Gewerbesteuer nach Ertrag und Kapital abverlangt wird, was nicht ohne Probleme und fühlbare Belastungsverschiebungen, insbesondere für Klein- und Mittelbetriebe, vonstatten gehen wird; und schließlich insbesondere für die Revierstädte, weil ihnen eine auf ihre Wirtschaftsstruktur zugeschnittene Steuerquelle verstopft wird, die auf andere Weise niemals vollständig zu schließen sein wird.

In dieser Steuerrunde gibt es keinen strahlenden Sieger. Man sollte wenigstens für die Zukunft daraus lernen.

Lernen müssen vor allem die Städte und Gemeinden. Sie haben erfahren, daß so manche Bekenntnisse zur kommunalen Selbstverwaltung im Bundestag und im Bundesrat dahinschmelzen, wenn es um die Steuerverteilung und um gewisse Steuerinteressen geht. Den Städten und Gemeinden wurde in diesen Monaten der Auseinandersetzung bewußt, daß ihre Selbstverwaltung nicht von oben verliehen und für immer von oben garantiert wird, sondern daß sie die Stellung, die sie für ihre Bürger errungen haben und die ihnen nun das Grundgesetz im Verfassungsaufbau zuweist, stets aufs neue erkämpfen und die dazugehörende Finanzautonomie verteidigen müssen. (1978)[37]

Die Gewerbesteuer
im politischen Kräftespiel

Es lohnt sich, das politische Kräftespiel um die Gewerbesteuer über eine größere Distanz zu verfolgen. Die Gewerbesteuer, Anfang des 19. Jahrhunderts entstanden und 1893 von Miquel in ein wohlabgewogenes gemeindliches Steuer- und Finanzsystem eingebaut, war bis zum Ende des Ersten Weltkrieges verhältnismäßig wenig um stritten. Im Rahmen der klassischen Dreiteilung betrugen z.B. 1913 die gemeindlichen Einkommensteuerzuschläge 54%, die Grundsteuer 25% und die Gewerbesteuer 11% aller Einnahmen der Gemeinden aus Steuern und allgemeinen Finanzzuweisungen. Nach dem Ersten Weltkrieg geriet das Gemeindesteuersystem durcheinander; das Recht, Zuschläge zur Einkommensteuer zu erheben, wurde beseitigt, Steuerverbünde zwischen Staat und Gemeinden entstanden. Eine entscheidende Umstrukturierung ergab sich nach dem Zweiten Weltkrieg mit dem Wirtschaftswachstum. Die Einkommen- bzw. Einwohnersteuerkomponente war bereits in der Weimarer Zeit verkümmert und war jetzt bei Null, die Grundsteuer blieb zurück (163: 12%), die Gewerbesteuer wurde zur finanziellen Hauptstütze der Gemeinden (1963: 58% der Einnahmen aus Gemeindesteuern und allgemeinen Finanzzuweisungen). Die Gemeindefinanzreform von 1969 veränderte wiederum die Gewichte: Es entstand die Einkommensteuerbeteiligung der Gemeinden. Heute (1982) macht die Gewerbesteuer nur noch 26,9% aus, der EK-Anteil hat bereits 31,5% erreicht, die Grundsteuern sind noch weiter abgesunken (8,5%).

Als die Mehrwertsteuer auf ihrem Siegeszug durch Europa 1967 die Bundesrepublik erfaßte und damit eine gute Möglichkeit (unmerkliche Steuer!) zur Abwälzung der direkten Steuerlast auf den Endverbraucher gegeben war, wurde die Gewerbesteuer noch mehr zum beliebten Gegenstand der Politik der Steuersenkungen und die Angriffe auf die Gewerbesteuer wurden noch heftiger. In der zweiten Hälfte der 70er Jahre überschlug sich dann die Politik der Steuersenkungen geradezu. Folge war eine drastische Verringerung der Zahl der Steuerzahler; inzwischen dürften nur noch etwa ein Drittel der Gewerbebetriebe steuerpflichtig sein. Die Entwicklung von einer breit angelegten Besteuerung des Gewerbes, wie sie einmal geschaffen worden ist, zu einer Großbetriebssteuer ist in vollem Gange mit der Folge, daß die steuerbefreiten Betriebe dennoch kein Loblied auf die Gemeinden singen und im übrigen auch die wirtschaftlichen Erwartungen, die mit den Steuersenkungen verbunden waren, sich nicht erfüllten. Da außerdem bei jeder Gewerbesteuersenkung Städte und Gemeinden gewisse Steuerausfälle zu verkraften haben, mußten sie letztlich für die verbliebenen Gewerbesteuerzahler die Hebesätze anheben, was die Gegner der Gewerbesteuer anstachelt und die Auseinandersetzung um die Gewerbesteuer weiter verschärft.

Professor Littmann spricht mit Recht von den „verschlimmbessernden Reformen der Gewerbesteuer". Ich glaube sogar, daß man die Gewerbesteuer auf ihre Verfassungswidrigkeit hintrimmen wollte. Jedenfalls ist der schrittweise Abbau der Gewerbesteuer ohne Konzept und wirklicher Reformidee die Ursache manchen Übels von heute. (1983)[38]

„Der falsche Weg " —
Diskussion um die Wertschöpfungssteuer

Das Gemeindesteuersystem war einmal, Miquel sei es gedankt, ein kunstvolles Gebilde, das auch und besonders dem Zweck diente, Gemeinde und Wirtschaft in eine gegenseitig befruchtende Beziehung zu bringen. Das wichtigste Instrument war und ist die Gewerbesteuer. Weil man die anderen Gemeindesteuerkomponenten verkümmern, gar verschwinden ließ, wuchs die Gewerbesteuer überproportional. Das erzeugte Gegnerschaft. 1963 z.b. machte die Gewerbesteuer 58% aller Gemeindeeinnahmen aus Steuern und allgemeinen Finanzzuweisungen aus. Inzwischen ist durch die Gemeindefinanzreform von 1969 und durch eine Flut von Gewerbesteuersenkungen (allein sechs in der Zeit von 1975 bis 1981!) dieser Anteil der Gewerbesteuer auf 26% gesunken und kann nicht mehr unterschritten werden.

Nach der Hektik der Gewerbesteuerdeformierungen der letzten zehn Jahre war die von Bundeskanzler Kohl für diese Legislaturperiode ausgesprochene Gewerbesteuergarantie für die Gemeinden wohltuend und beruhigend. Die damit gewonnene gesetzgeberische Pause regte zum Nachdenken darüber an, was auf längere Sicht und grundsätzlich mit dieser Gemeindesteuer gemacht werden soll. Soll sie aufrechterhalten werden wie sie ist? Soll sie repariert werden oder soll sie durch eine neue Gemeindesteuer ersetzt werden? Die Wissenschaft, die Wirtschaft und Kommunalpolitiker machen sich darüber Gedanken. Der Wissenschaftliche Beirat beim Bundesfinanzministerium entwickelte das Modell einer gemeindlichen Wertschöpfungssteuer. Die Blicke der Wirtschaft dagegen richten sich etwas sehnsüchtig auf die Mehrwertsteuer. Der Deutsche Städtetag fordert, sich das Modell der Finanzwissenschaftler näher anzusehen und Proberechnungen zur Wertschöpfungssteuer vorzunehmen, um sich ein endgültiges Urteil bilden zu können. Eine solche Prüfung will die Wirtschaft erst gar nicht haben und erklärt in einer gemeinsamen Stellungnahme von acht großen Wirtschaftsverbänden eine kommunale Wertschöpfungssteuer zum „falschen Weg".

Die Gemeinsamkeit der Wirtschaft ist bemerkenswert. Allerdings: Sie reicht nur zur Ablehnung der Wertschöpfungssteuer, aber nicht zur Vorlage eines anderen Modells, vor allem nicht eines Modells, das für ein Gemeindesteuersystem geeignet erscheinen könnte.

Entscheidend in der ganzen Auseinandersetzung ist der Maßstab, mit dem an die Grundfrage der Gemeindefinanzierung und des Gemeindesteuersystems herangegangen wird:

— Für die Städte und Gemeinden ist unabdingbar eine Steuer, die mit Hebesatzrecht ausgestattet und auf die örtliche Wirtschaftstätigkeit abgestellt wird.

— Für die Wirtschaft geht es offensichtlich um eine totale Entlastung von der Gewerbesteuer und von etwaigen sonstigen, direkt wirkenden Steuerpflichten.

Diese konträren Standpunkte wachsen allmählich zu einer Existenzfrage der Gemeindeselbstverwaltung deutscher Prägung heran. Die große Spannung, die sich in dieser Frage aufbaut, rührt daher, daß einerseits der Maßstab der Gemeindeselbstverwaltung die Mehrwertsteuer ausschließt und andererseits Kreise der Wirtschaft sich die größtmögliche Entlastung durch Abwälzung der Gewerbesteuerpflicht auf ebendiese Mehrwertsteuer versprechen.

Die Wirtschaft und ihre Verbände sollten verstehen, daß der Weg der Mehrwertsteuer für die Gemeinden nicht gangbar ist. Selbst wenn die politische Hürde einer Verlagerung von 26 Milliarden DM — so viel umfaßt gegenwärtig die Gewerbesteuer — zu nehmen wäre, und selbst wenn die EG-Finanzierung, die an die Mehrwertsteuer gekoppelt ist, in irgendeiner anderen Weise sich lösen ließe, selbst dann steht das Veto der Städte und Gemeinden: Die Mehrwertsteuer kann nicht mit einem gemeindlichen Hebesatzrecht versehen werden! Verzicht auf das örtliche Hebesatzrecht heißt Verzicht auch auf den Rest der verbliebenen Einnahmeautonomie und würde das Wesen der deutschen Gemeindeselbstverwaltung ändern. Außerdem würde er auch Trennung von der örtlichen Wirtschaft bedeuten.

Wirtschaft und Städte sollten nach gemeinsam gangbaren Wegen suchen. Voraussetzung ist, daß überhaupt noch der Wille existiert, weiterhin eine echte Steuerpflicht gegenüber den Gemeinden zu übernehmen. (1984)[39]

Auf schmalem Pfad aufwärts

Die Städte und Gemeinden brachten ihre Investitionen 1985 doch noch vom Minus ins Plus. 1986 werden sie ihrer konjunktur- und beschäftigungspolitischen Verantwortung wieder voll entsprechen können.

Mit dieser Entwicklung tragen die kommunalen Finanzen auch den zum vorjährigen Gemeindefinanzbericht angestellten Überlegungen zur finanzpolitischen Strategie und den geforderten Prioritäten in der Ausgabenpolitik Rechnung: Konsolidieren und Investieren.

In der Konsolidierungspolitik waren die Städte und Gemeinden unbestritten Meister. Bund und Länder hatten im Konsolidierungszeitraum 1981 bis 1984 jeweils gut 8% Ausgabensteigerung, die Gemeindeausgaben nahmen in diesem Zeitraum jedoch lediglich um 1,5% zu. Die Gemeinden sind damit, wie auch der Sachverständigenrat im Jahresgutachten feststellte, Spitzenreiter der mittelfristigen Konsolidierung.

Dieser Erfolg hatte bekanntlich seinen Preis, nämlich einen restriktiven personalwirtschaftlichen Kurs und, vor allem, eine beträchtliche Reduzierung der kommunalen Investitionen. Als die Folgen des Investitionsverfalls in der Bauwirtschaft sichtbar wurden und mit dem „Reichrechnen" der Städte eine völlig falsche Wertung der kommunalen Finanzpolitik einsetzte, bemühte sich der Deutsche Städtetag von Mitte 1984 an, den weiteren Rückgang der Investitionen aufzuhalten. Abgesehen davon, daß dabei Widerstand auch in den eigenen Reihen überwunden werden mußte, scheiterte dieses Bemühen damals auch an der restriktiven Zuweisungspolitik der Länder. 1985 wurde die Investitionsbelebung zunächst durch den strengen und langen Winter blockiert. Schließlich gelang es aber dennoch, aus dem Trend des Investitionsverfalls herauszukommen und nicht nur die Sachinvestitionen generell (+ 4,0%), sondern auch die Bauinvestitionen gegenüber dem Vorjahr zu steigern (+ 2,2%). 1986 erwarten wir, wie unsere Prognose im Gemeindefinanzbericht zeigt, eine Fortsetzung des positiven Trends der kommunalen Investitionen, wobei bemerkenswerterweise die Baumaßnahmen im Rahmen der gesamten Sachinvestitionen (+ 5,3%) sogar überdurchschnittlich um etwa 6,6% zunehmen werden.

Es ist nur ein schmaler Pfad zwischen Konsolidierung, die ja nicht aufgegeben werden soll, und einer Steigerung der Investitionen. Auf diesem Pfad lauern Gefahren, unter Umständen durch personalwirtschaftliche Entscheidungen, auf jeden Fall durch weiterhin hohe Steigerungsraten der sozialen Leistungen. Nach einem Anstieg um 10% im vergangenen Jahr muß für 1986 mit einer Zunahme um 8% gerechnet werden. Hier zeigt sich vor allem die ungebrochene Dynamik der Sozialhilfe für Arbeitslose.

Bei diesen Zahlen kann es nicht mehr überraschen, daß die Zeit der positiven Finanzierungssalden, d.h. der Überschüsse der Einnahmen über die Ausgaben, vorbei ist und daß für 1986 wieder mit einem Finanzierungsdefizit von etwa —2,5 Miliarden DM gerechnet werden muß. Der positive Finanzierungssaldo der Kommunen in den letzten Jahren wurde vielfach nicht als das gewertet, was er war, nämlich als das Ergebnis einer harten Konsolidierungs- und Einsparungspolitik. Er verführte manche zu dem falschen Urteil, die Gemeinden verfügten über reichliche, zumindest über ausreichende Finanzmittel. Jetzt zeigt sich wieder, wie schwach doch im Grunde die Gemeindefinanzen immer noch sind.

Die Durchschnittszahlen verdecken die großen finanziellen Schwierigkeiten der strukturschwachen Städte. Diese sind nicht nur Leidtragende ihrer Struktur, sondern auch Opfer einer schwerwiegenden Fehlentscheidung, nämlich der Beseitigung der Lohnsummensteuer. Hinzu kommen die Gewerbesteuerverluste durch die Abschreibungsverbesserungen für Wirtschaftsgebäude und, vor allem, in einigen Ländern erneut ein tiefer Griff in die Gemeindekassen. Diese Städte bedürfen dringend der Hilfe. Sie muß — die Finanzausgleichsanalysen zeigen es — in erster Linie von den betreffenden Ländern kommen, aber die Hilfe wird verständlicherweise auch von Finanzreformmaßnahmen erwartet.

Es wäre schon viel gewonnen, wenn wenigstens über einen Punkt bald Übereinstimmung herbeigeführt werden könnte, nämlich, daß die Mehrwertsteuer kein geeigneter Rettungsanker für die Gemeindefinanzen sein kann. Daß die Mehrwertsteuer technisch nicht mit einem Hebesatzrecht der Gemeinden versehen werden kann, ist inzwischen unbestritten; damit allein schon scheidet sie als Möglichkeit für die Gemeindefinanzreform aus. Aber es gibt noch weitere Probleme. Hohe Mehrwertsteuer fördert die Schwarzarbeit, stärkt die Schattenwirtschaft, mindert das Steueraufkommen sowie das Sozialbudget und wird zu Recht vom Mittelstand und vom

112

Handwerk als Ersatz für die Gewerbesteuer abgelehnt. Außerdem wirkt die Mehrwertsteuer, woran der Nestor der deutschen Finanzwissenschaft, Professor Fritz Neumark, erst kürzlich wieder erinnert hat, regressiv, d.h., sie trifft die kleinen und mittleren Einkommen relativ schärfer. Nimmt man noch hinzu, daß die Mehrwertsteuer automatisch jede Preiserhöhung um den Prozentsatz der Steuer vergrößert und damit die Inflation antreibt, dann wird deutlich, daß die Gemeinden gut daran tun, sich nicht die „Schuld" einer Mehrwertsteuererhöhung aufladen zu lassen. Sie muß von der Ebene getragen werden, der ohnehin ein höheres Mehrwertsteueraufkommen bereits zugesprochen ist, der EG in Brüssel. Die Gemeinden brauchen bessere, selbstverwaltungsfreundliche Lösungen. (1986)[40]

DIE STADT —
LEBENSWERTER RAUM FÜR IHRE BÜRGER

Die Gemeinden als schwarze Schafe

Seitdem sich im Sommer 1959 die Gefahr einer Konjunkturüberhitzung abzuzeichnen begann, wurde die Bundesbank nicht müde, die Stabilität der Währung zu verteidigen. Neben den Maßnahmen der Kreditpolitik wurde immer lauter nach einem antizyklischen Verhalten der öffentlichen Hand gerufen. Diese Forderung gipfelte in der Feststellung, die öffentliche Hand sollte, solange die Privatwirtschaft in der Lage ist, die Vollbeschäftigung zu gewährleisten, mit ihrer Auftragsverteilung soweit als möglich Zurückhaltung üben. Insbesondere sollte die öffentliche Hand Bauten aller Art zurückstellen, bis ihre Ausführung konjunkturell wünschenswert oder doch jedenfalls unschädlich ist. Nachdem der Bundesfinanzminister wohl seinen guten Willen, aber ebenso die Beschränkungen gepriesen hatte, die seiner Verwirklichung entgegenstünden, wurden immer mehr die Gemeinden und ihre Investitionstätigkeit angesprochen und zum Teil auch angeprangert. Die Gemeinden, vor allem die Städte, drohten zum schwarzen Schaf zu werden.

Was bauen die Gemeinden heute? In erster Linie und in wachsendem Maße Straßen; die Straßenbauinvestitionen sind bereits auf über 30% aller kommunalen Bauinvestitionen angestiegen. An zweiter Stelle stehen mit rund 20% die Schulen. Die restlichen 50% entfallen mit kleineren Prozentsätzen auf Gesundheitswesen, Wohnungsbau, Fürsorge, Polizei, Trümmerbeseitigung, kulturelle Bauten, Verwaltungsbauten usw.

Wenn man diesen Katalog etwas näher betrachtet, tritt sofort der hervorstechende Charakter der kommunalen Investitionstätigkeit in Erscheinung. Der größte Teil gehört in den Bereich der öffentlichen Grundinvestitionen, der special costs und der Infrastrukturinvestitionen. Darunter sind alle kommunalen Baumaßnahmen zu verstehen, ohne die die Volkswirtschaft nicht bestehen könnte und die sogar ein maßgebender Faktor der wirtschaftlichen Produktivitätssteigerung sind. Hätte es beispielsweise einen Sinn, die Kapazität der Kraftfahrzeugindustrie ständig auszuweiten, ohne gleichzeitig Straßen zu bauen? Ist es denkbar, neue Werke aus dem Boden zu stampfen und den Bau von Wohnungen, Schulen, Krankenhäusern und Versorgungseinrichtungen zu unterlassen? Soll unsere Volkswirtschaft nicht Schaden leiden, müssen die privaten und öffentlichen Investitionen wie Zahnräder ineinandergreifen. In Amerika haben Untersuchungen ergeben, daß eine Vernachlässigung der öffentlichen Investitionen zu Milliardenausfällen in der Wirtschaft führt. Die die Gemeinden so heftig kritisierenden Wirtschaftskreise sollten neben ihrem Bemühen, die unrentablen Grundinvestitionen auf die öffentliche Hand abzuwälzen, ihre Aktivität mehr diesen Erkenntnissen widmen, als weiterhin eine unhaltbare Rangfolge in der Investitionstätigkeit zu verfechten.

Ein weiterer großer Teil der gemeindlichen Investitionstätigkeit erstreckt sich auf Fürsorge, Jugendpflege und Gesundheitswesen. Wir müssen auch diesen Bereich energisch gegen eine Vorrangstellung der Privatwirtschaft verteidigen. Die soziale Marktwirtschaft würde ihres Attributs entkleidet und die Bundesrepublik würde sich als Sozialstaat desavouieren, wenn eine Hochkonjunktur diese kommunalen Maßnahmen nicht zulassen würde. Allerdings benutzen die Appelle zur Einschränkung der gemeindlichen Bautätigkeit auch kaum Beispiele aus diesen Bereichen. Es heißt vielmehr, die Gemeinden sollen nicht so viele Theater und Rathäuser bauen. Diese Argumentation übersieht jedoch, daß die Grundinvestitionen und die sozial bedingten Baumaßnahmen rund 95% der gemeindlichen Bauinvestitionen ausmachen. Für kulturelle Bauten werden nur 1,3% und für Verwaltungsbauten lediglich 2,5% der Investitionen aufgewendet: Beide Prozentsätze haben sinkende Tendenz. Fast ist man versucht zu sagen, weniger ist kaum noch möglich, zumal die Verwaltungspaläste der Industrie unter der Bezeichnung „unumgängliche Rationalisierungsinvestitionen" geführt werden und für gewisse kulturelle Leistungen in einem Kulturstaat auch in der Hochkonjunktur Platz sein sollte.

So energisch eine maßlose Kritik an der Bautätigkeit der Gemeinden zurückgewiesen werden muß, so ernsthaft sind die Bemühungen der Bundesbank zu würdigen. Es ist Präsident Dr. Blessing und Vizepräsident Dr. Troeger zu danken, daß sie nicht in den Chor einer pauschalen Ablehnung der kommunalen Investitionen einstimmen, sondern den hier dargelegten kommunalen Überlegungen weitgehend Verständnis entgegenbringen und die Dringlichkeit und Notwendigkeit vieler kommunaler Investitionen anerkennen. (1960)[41]

118

Mit fremden Federn

Mit fremden Federn sich zu schmücken, ist heute eine wenig
schöne, aber weit verbreitete Eigenschaft. Um sie anzuprangern,
ließ kürzlich ein bekannter Glossator eine Sozialsiedlung ein-
weihen und dabei die edlen Stifter auftreten. Zuerst den Gewerk-
schaftler: „Kollegen", ließ er ihn sprechen, „das alles verdankt Ihr
der kampfbereiten Opposition der organisierten Arbeiterschaft um
soziale Gerechtigkeit gegen die . . ." Dann den Bürgermeister des
Städtchens: „Freunde, das alles verdankt Ihr der vorbildlichen
Stadtverwaltung, die in erfolgreicher Opposition gegen die Bürokratie der Landesregierung trotzdem . . ." Dann den Landesmini-
ster: „Mitbürger, das alles verdankt Ihr der hervorragenden Lan-
desverwaltung, die — in heftiger Opposition zur Bundesregierung — sich ständig bemüht, solche sozialen Einrichtungen . . ."
Dann den Vertreter des Bundes: „Meine Damen und Herren, das
alles verdanken Sie einer Wirtschaftsform, welche die Bundesregierung . . ." Daraufhin ließ unser Glossator einen Arbeiter zu
Wort kommen: „Wir danken allen Rednern: dem ersten zu 3%, dem
zweiten zu 11%, dem dritten zu 23% und dem vierten zu 63%." Auf
die Frage, wie er so wunderschöne Worte so nüchtern in Zahlen
ausdrücken könne, meinte unser (Glossen)Arbeiter: „Sehr einfach,
ich habe mir vorher angesehen, was in jedem Falle jeder zu den
Baukosten beigetragen hat."

Etwas zu einfach, meinen wir. Woher nahmen die Dank heischen-
den Bauherren ihre 3, 11, 23 und 63%? Aus ihren Kassen, die, so ver-
schieden sie sind, eins gemeinsam haben, nämlich die Quelle, aus
der sie gespeist werden: den Bürger. Wer gedenkt seiner, nachdem
er die guten Groschen abgeliefert hat und diese auf verschlungenen
Wegen und Kanälen ihre Wanderung in die Etats angetreten haben!
Nicht immer landen sie dort, wo sie dringend gebraucht werden.
Um diese Diskrepanz auszugleichen, leitet sie ein Gewirr von
Paragraphen rauf und runter, hin und her. Schließlich landet der
Steuergroschen in Form eines Zuschusses oder Darlehens bei der
guten Sache: beim Wohnungsbau, Straßenbau, Krankenhausbau
usw. Eine merkwürdige Wandlung geht aber dabei vor sich. Es ist
jetzt nicht mehr der wehmütig hingegebene Steuergroschen des
Bürgers, sondern, wie die verteilenden Ministerialien manches Mal

stolz erklären, „unser Geld". Man könnte darüber lächeln, wenn dieser Betrachtung nicht der Anspruch folgen würde: Wer zahlt, schafft an. Weil das Geld meist zuerst oben war, deshalb bekommt der Bürger so viel höhere Weisheit zu verspüren.   (1960)[42]

Nicht nur mit der Familie Adenauer

Nicht nur mit der Familie Adenauer, Herr Bundeswirtschaftsminister!, ist man versucht zu sagen, wenn man die Berichte über eine kommunalpolitische Tagung liest, die kürzlich in Bonn stattfand. Professor Dr. Erhard war einer der Redner dieser Veranstaltung. Er ging mit der Investitionstätigkeit der Gemeinden und vornehmlich der größeren Städte etwas hart ins Gericht und sprach sogar von tollen Mißbräuchen. Das rief sachverständige Kommunalpolitiker auf den Plan, und als Kölns Oberstadtdirektor Dr. Max Adenauer dem harten Vorwurf des Bundeswirtschaftsministers sachlich und elegant die noch härteren Zahlen über die kommunalen Investitionsleistungen der letzten zehn Jahre — schön aufgegliedert nach Verwendungszwecken — entgegenhielt, fiel die in der Zwischenzeit schon berühmt gewordene Bemerkung Professor Erhards, es sei sein Schicksal, sich mit der Familie Adenauer auseinandersetzen zu müssen. Nun, diese Auseinandersetzung betrifft nicht nur die erfreulicherweise kommunal so versierte Familie Adenauer. Wenn die Notwendigkeit und Zweckmäßigkeit der kommunalen Bauleistungen zur Debatte gestellt wird, müssen sich alle Gemeinden und Gemeindeverbände angesprochen fühlen.

Wir fühlen uns als Vertreter der Städte infolge deren Aufgabenstellung im besonderen angesprochen und außerdem verpflichtet, die Tatsachen ins rechte Licht zu rücken. Jedoch wir stellen fest, dies geschah ja erst kürzlich. Damals hatten wir bereits Hemmungen, vermeintlich allzu Bekanntes publizieren zu müssen, und wählten deshalb für die Einleitung der Glosse folgende Entschuldigung: „Zum wievielten Male wir hiermit die Zahlen der amtlichen Bundes- und Landesstatistik über die Bau- (und Anlage-)investitionen der Gemeinden und Gemeindeverbände abdrucken, möchten wir lieber nicht nachzählen. Aber wenn seriöse Institute und Zeitschriften und wenn in der Öffentlichkeit als wohlunterrichtet bekannte Bundestagsabgeordnete eine erstaunliche Unkenntnis über jedem Fachmann bekannte Tatsachen der Verwaltung an den Tag legen, so müssen wir offenbar den Schluß ziehen, daß wir noch nicht genügend getan haben, diese Tatsachen ins rechte Licht zu rücken." Die jüngsten Geschehnisse beweisen, daß diese Entschuldigung gar nicht nötig gewesen wäre. Nötig erscheint aber eine Wiederholung des letzten Satzes unserer damaligen Glosse: „Wir bitten nochmals Politiker und Publizisten, sich zu informieren, ehe sie über einen solchen Tatbestand Meinungen verbreiten, die vielleicht auf der Anschauung eines einzelnen Bauwerkes, das sie vom Auto aus gesehen haben, beruhen können, aber nicht auf wirklicher Beschäftigung mit den Tatsachen." (1960)[43]

Vom Bundesfernverkehrsminister zum Bundesverkehrsminister

Der Deutsche Städtetag hat, angeregt durch die Novelle zum Bundesfernstraßengesetz und durch die Rede des Bundesverkehrsministers bei der Eröffnung der Autobahn Köln—Aachen am 20. Dezember 1960, einen anscheinend nicht unfruchtbaren Dialog mit Bundesverkehrsminister Dr. Seebohm in Gang gesetzt, der zu einigen Veröffentlichungen im „Bulletin" der Bundesregierung und in der Zeitschrift „der städtetag" geführt hat. Dann rüttelte die erste fliegende Pressekonferenz des Deutschen Städtetages mit Hunderten von Presse-, Rundfunk- und Fernsehberichten und Kommentaren die Öffentlichkeit auf, und am 19. April 1961 entschied der Bundestag über die Änderung des Bundesfernstraßengesetzes.

In seinen Ausführungen rechtfertigt der Bundesverkehrsminister die gegen die mittleren und größeren Städte ausgefallene Entscheidung des Bundestages mit der Behauptung, die Novelle zum Bundesfernstraßengesetz erschöpfe alle dem Bund im Rahmen seiner Aufgaben für die Bundesfernstraßen nach dem Grundgesetz zustehenden Möglichkeiten, den Gemeinden bei der Bewältigung ihrer Verkehrsprobleme zu helfen. Ferner stellt er interessante Betrachtungen über finanzielle Möglichkeiten zur Behebung der von ihm in keiner Weise geleugneten Verkehrsnot in den Städten an.

Eine einigermaßen befriedigende Berücksichtigung der Verkehrsnot in den Städten im neugefaßten Bundesfernstraßengesetz hätte wahrscheinlich die kleine Pause für die Durchdenkung neuer Wege ermöglicht. Da man nun aber das innerstädtische Verkehrsproblem praktisch ausgeklammert hat, bleibt keine Zeit mehr für lange Überlegungen. Angesichts des neuen Rekords unserer Kraftfahrzeugindustrie, die erstmals im März eine Produktion von mehr als 200 000 Kraftfahrzeugen in einem Monat erreichte, steht die Enquete praktisch vor der Frage, ob sie bereit ist, die Entwicklung und die Notstände einzuholen, oder ob sie sich von ihnen überrollen läßt. Hierbei handelt es sich ja nicht um Notstände, die allein aus der Entwicklung der letzten Jahre zu erklären sind. Wir haben in Deutschland in den letzten 50 Jahren nur zwei größere Straßenbauepochen gehabt, und zwar in den 30er und 50er Jahren. Beide Epochen standen unter dem Stichwort „großräumig" bzw. „weiträumig" und waren deshalb dem kommunalen Straßenbau und besonders auch dem innerstädtischen Verkehrsausbau nicht wohlgesonnen. Vielleicht war es aber nicht nur die Liebe zu den Autobahnen, die beide Epochen auszeichnet, vielleicht war es auch eine falsche Einschätzung der Funktion des Kraftfahrzeuges. Als schnelles Fortbewegungsmittel verband man lange Zeit mit ihm die Vorstellung eines Fernverkehrsmittels. Die gegenteilige Entwicklung trat jedoch ein: 85% des Kraftfahrzeugverkehrs, wurden Orts- und Nachbarschaftsverkehr, und nur 15% des Verkehrs sind Fernverkehr. Daß der Bundesverkehrsminister und der Bund überhaupt sein Verständnis und seine Sorge nicht nur diesen 15% des Verkehrs widme, sondern auch den 85%, das ist vor allem der dringende Wunsch der Gemeinden und Städte. Die jüngsten Ausführungen Dr. Seebohms berechtigen zu hoffen. (1961)[44]

Die Fehleinschätzung des Autos

Warum es auf dem Gebiet des Straßen- und Verkehrsausbaues zu einer Aufgabenballung gekommen ist, darüber erhebt sich heute manchmal eine Auseinandersetzung. Vereinzelt wird von Politikern die Auffassung vertreten, die Städte hätten selbst schuld, da sie die Verkehrsentwicklung bei ihrem Wiederaufbau übersehen hätten; die Städte dürften daher jetzt auch nicht den Bund für die Sünden der Gemeindeverkehrspolitik der letzten 15 Jahre verantwortlich machen. Diese Auffassung geht an den Tatsachen sehr weit vorbei.

Die Verkehrssituation in unseren Städten ist nur dann zu verstehen, wenn man nicht nur 15 Jahre, sondern mindestens ein halbes Jahrhundert rückwärts und wenigstens 30 Jahre vorwärts blickt. Für die Entstehung der Situation sind drei Ursachen zu unterscheiden:

Die Städte hatten um die Jahrhundertwende ein Straßennetz, wie es dem 19. Jahrhundert und jener Zeit einigermaßen angemessen war. Von 1914 bis 1948 lösten Kriege, Inflationen, Wirtschaftskrisen und Rüstungszeiten einander ab. Die Zeit war für die Städte eine Epoche konstanter Leistungsschwäche; es waren investitionsarme Jahre. Tragischerweise war diese Zeit auch noch von einer falschen Straßenbaufinanzierungspolitik begleitet. Diese Politik ist mit einem großen Fehlurteil belastet. Das Fehlurteil beruht auf einer falschen Einschätzung der Funktion des Autos. Man wertete es als ein Fernverkehrsmittel, während es sich in Wirklichkeit überwiegend zu einem Nahverkehrsmittel entwickelte: Nur 8 km beträgt der durchschnittliche Bewegungsradius eines Kraftfahrzeuges.

Die Fehleinschätzung des Autos führte die deutsche Straßenbau- und Straßenbaufinanzierungspolitik zu zwei verhängnisvollen Entscheidungen. Zunächst wurde daraus die Klassifizierung der Straßen entwickelt. Zur Sonderklasse, d.h. zu Reichsstraßen, heute Bundesstraßen, wurden die Straßen des Fernverkehrs, zu Landstraßen I. Ordnung die Hauptverkehrsstraßen der Länder, zu Landstraßen II. Ordnung die regionalen Straßen der Kreise. Damit war die Klasseneinteilung beendet. 62,7% des Straßennetzes, nämlich die Straßen der Gemeinden, wurden zu klassenlosen „sonstigen Straßen". Nomen est omen, wie die zweite verhängnisvolle Entscheidung, die Verteilung der Kraftverkehrsabgaben, zeigt. Aufgebaut auf die Klassifizierung sprach man die größte Abgabe des motorisierten Verkehrs, die Mineralölsteuer, dem Reich bzw. dem Bund zu, und die zweitgrößte Aufgabe, die Kraftfahrzeugsteuer, den Ländern. Die Städte und die Gemeinden mit ihren 230 000 km Straßen wurden von den spezifischen Aufgaben des motorisierten Verkehrs ferngehalten. Beide Entscheidungen waren gegen die funktionale Einheit des Straßennetzes gerichtet und haben die Entwicklung des Verkehrsnetzes in den Städten und Gemeinden stark gehemmt.

Mit dieser doppelten Hypothek belastet, traten die Städte 1948 in die dritte Entwicklungsperiode ein. Zu der bis dahin entstandenen Situation traten zwei wesentliche Faktoren hinzu:

— die Verpflichtung und der Wille zum Wiederaufbau der Städte,

— die Notwendigkeit, ein Flüchtlings- und Bevölkerungszuwachsproblem zu lösen, das es in dieser Größenordnung bisher in der deutschen Geschichte noch nicht gegeben hat.

Beide Aufgaben wurden erfüllt, keineswegs allein durch die Städte, aber immerhin unter maßgeblicher Mitwirkung der Städte, und zwar in einem Ausmaß und in einem Zeitraum, der den Vorgang mit dem Wort „Wunder" belegte.

Obwohl aber nun diese beiden Aufgaben in den 50er Jahren im Vordergrund allen Denkens und Handelns standen, haben die Kommunen dennoch gleichzeitig von 1949 bis 1959 in jedem Jahr mehr für den Straßenbau aufgewendet als Bund und Länder zusammen, ohne daß in der vorhin aufgezeigten falschen Straßenbaufinanzierungspolitik Entscheidendes geändert worden wäre. Das allein beweist schon, daß die Städte und Gemeinden die Verkehrsentwicklung besser eingeschätzt haben als die Bundespolitik. Freilich, die dann tatsächlich eintretende Entwicklung hatte damals niemand erwartet.

Mit dem Anstieg von Lebensstandard und Wohlstand stiegen in fast noch größerem Ausmaß die Gemeinschaftsbedürfnisse, die vor allem den Gemeinden in Rechnung gestellt wurden. Die zweite industrielle Revolution mit Automation und Technisierung setzt in voller Breite früher als erwartet ein. Die durch den Strukturwandel bedingte Vermehrung der Verkehrsbedürfnisse und die Motorisierungswelle sprengten die Kapazität des innerstädtischen Verkehrsnetzes innerhalb weniger Jahre. Bei einer Verfünffachung der Zahl der Kraftfahrzeuge von 1950 bis 1963 und bei einer Zuwachsrate der Kraftfahrzeugproduktion, die im ersten Halbjahr 1963 auf das Dreieinhalbfache des Vorjahres anwuchs, mußte sehr schnell die Kluft wirksam werden, die zwischen der liberalisierten Kraftfahrzeugproduktion und dem nichtliberalisierten, d.h. finanzpolitisch gedrosselten Verkehrswegebau besteht.

Das sind die Entwicklungslinien, die zu der heutigen Situation führten. Die Städte stehen jetzt vor der immensen Aufgabe, gleichzeitig nachzuholen, anzupassen und für die nächsten Jahrzehnte Lösungen zu schaffen.

Ich darf deshalb heute nochmals feststellen:

Der Deutsche Städtetag fordert nicht die Autobahngebühr, sondern bittet den Bund, den kommunalen Straßenbaulastträgern im Rahmen des zweiten Vierjahresplanes 15% jenes Betrages für den kommunalen Straßenbau zur Verfügung zu stellen, den der Bund aus dem Mineralölsteueraufkommen für den Straßenbau verwendet. Das ist in Anbetracht der Verkehrsverhältnisse und der Verkehrsbedürfnisse die gewiß nicht übertriebene Forderung an den Bund.

Alle übrigen Vorschläge des Deutschen Städtetages — von der Erhöhung des Gemeindepfennigs über die Autobahngebühr bis zum kommunalen Zuschlag zur Kraftfahrzeugsteuer — sind nur für den Fall gemacht, daß der Bund weder bereit ist, die für den Straßenbau zweckbestimmten Teile des Mineralölsteueraufkommens zu erhöhen, noch in der Lage ist, das derzeitige Mißverhältnis zwischen dem Fernstraßenbau und dem kommunalen Straßenbau in sich, d.h. auf der Basis der derzeitigen Straßenbaufinanzierungsmasse zu ändern. (1963)[45]

Die Finanzierung der Stadt- und Dorferneuerung in internationaler Sicht

Es gibt auf dem Gebiet der kommunalen Selbstverwaltung große Unterschiede zwischen den Staaten: Die Organisation ist verschieden, die Aufgaben sind verschieden. Etwas aber ist offensichtlich in der ganzen Welt gleich, nämlich der Mangel an ausreichenden Finanzmitteln bei den Gemeinden.

Die finanziellen Klagen der Gemeinden haben eine ganz natürliche Ursache. Die Gemeinden stehen den Problemen am nächsten, sie erkennen die Aufgaben schneller, als die Beschaffung der Finanzmittel möglich ist. Der Wille der Gemeinden muß sich deshalb zunächst darauf konzentrieren, die Regierungen, die Parlamente und die Öffentlichkeit von der Notwendigkeit und Dringlichkeit der Aufgabe zu überzeugen. Das gilt allgemein für jede große Finanzierungsaufgabe, besonders aber für die Stadt- und Dorferneuerung. Public relations für die Stadt- und Dorferneuerung steht also an der Spitze.

Auch bei der Finanzierung dieser Aufgabe beginnen bei einer weltweiten Betrachtung aber die großen Unterschiede, wenn wir zu den Einzelheiten vordringen. Es ist als allgemeine Überzeugung in Erscheinung getreten, daß unterschieden werden muß zwischen entwickelten Ländern und Entwicklungsländern. Auch die Entwicklungsländer sehen ihre Erneuerungsaufgabe; sie sind jedoch zur Zeit noch durch andere Aufgaben, wie etwa den Gesundheitsdienst oder die Infrastruktur für die Wirtschaftsentwicklung, daran gehindert, ihre finanzielle Kraft in größerem Umfange für die Erneuerung einzusetzen.

Große Unterschiede in der Finanzierung ergeben sich bei den einzelnen Ländern auch aus den verschiedenen Wirtschaftssystemen und aus den jeweiligen Steuersystemen. Es lassen sich deshalb nicht ohne weiteres allgemeine Finanzierungsgrundsätze aufstellen.

(1965)[46]

Das Unrecht beginnt mit 10 000

Die Städte wissen, was sie wollen und was sie müssen. Sie haben ein klares Ziel vor Augen: Das Postkutschenzeitalter endgültig zu überwinden und die Stadtstruktur den Verkehrsbedürfnissen der zweiten Hälfte des 20. Jahrhunderts anzupassen. Könnte dieser Umbau jetzt voll anlaufen, dann wären in etwa zehn Jahren der größte Engpaß überwunden und in 20 bis 30 Jahren die Aufgabe gelöst.

So könnte es sein, so müßte es sein! Es ist aber nicht ausgeschlossen, daß in 20 bis 30 Jahren unsere heutige Generation verurteilt wird, nämlich wenn wir uns als unfähig erweisen sollten, eine klar vorgezeichnete Aufgabe zu bewältigen, obwohl alle Möglichkeiten vorhanden waren und es nur des guten Willens bedurft hätte, sie zu nutzen.

Warum diese Skepsis? Sie spüren selbst alle die Unruhe, die neuerdings in unsere Städte eingekehrt ist. Ich will versuchen, in groben Umrissen zu erklären, worauf vermutlich diese Unruhe zurückzuführen ist.

Wenn die kreisangehörigen Gemeinden und Landkreise 1965 noch denselben Anteil wie 1961 gehabt hätten, dann wären 165 ihre Einnahmen aus Gemeindesteuern und allgemeinen Finanzzuweisungen um 1,04 Milliarden DM geringer gewesen, als sie tatsächlich waren.

Wenn die kreisfreien Städte 1965 noch denselben Anteil wie 1961 gehabt hätten, dann hätten sie allein aus diesem Grunde 1965 730 Millionen DM mehr Einnahmen aus Gemeindesteuern und allgemeinen Finanzzuweisungen gehabt, als sie tatsächlich hatten.

Wie die neuesten Zahlen für 1966 zeigen, fehlen den Städten in diesem Jahr noch mehr als 730 Millionen DM in den Kassen. Wer da nicht unruhig wird, würde die Verantwortung gegenüber den Bürgern falsch verstehen.

Ich mußte bei dieser Darstellung aus statistischen Gründen mit der Unterscheidung: kreisfreie Städte/kreisangehörige Gemeinden arbeiten. In Wirklichkeit handelt es sich bei der aufgezeigten Entwicklung um ein strukturelles Phänomen, das nicht so sehr von dem Rechtsstatus als der Größe der Gemeinde abhängt. Der Schwellenwert zwischen der relativ günstigen und der relativ ungünstigen finanziellen Enwicklung liegt bei der Gemeinde von etwa 10 000 Einwohnern, natürlich mit einer gewissen Bandbreite, die sich aus den unterschiedlichen Finanzausgleichsregelungen der einzelnen Länder ergibt. Die Gemeinde mit 10 000 und mehr Einwohnern blieb in der relativen Zunahme der Einnahmen aus Steuern und allgemeinen Finanzzuweisungen weit hinter den Gemeinden unter 10 000 Einwohnern zurück. Das Unrecht beginnt also mit 10 000 Einwohnern!

Die Städte haben deshalb in unserer heutigen Gesellschaft eine ganz seltsame Doppelrolle: Einerseits sind sie die Zentren von Wirtschaft und Verkehr und die Hauptproduktionsbereiche unseres Volkseinkommens und andererseits sind sie die Stiefkinder unserer Finanzpolitik. (1966)[47]

Die Union bemühte sich 20 Jahre lang um die Dörfer und vergaß die Städte

Die CDU/CSU hat im Bund die meisten Wählerstimmen, aber den geringsten Anteil an der Machtausübung erhalten. Dieses Ergebnis der Bundestagswahl 1969 ist in seiner aktuellen Entstehung leicht zu erklären: Nachdem sich die CDU/CSU die Koalitionsmöglichkeiten unter anderem mit ihrem Festhalten an der Wahlrechtsreform eingeengt hatte, verfehlte sie die entscheidenden 1 bis 2% der Wählerstimmen zur absoluten Mehrheit; die SPD konnte dagegen ihre aufsteigende Linie fortsetzen und genug Prozente hinzugewinnen, um zur Koalitionsführung fähig zu werden.

Schwieriger ist es, die Ursachen dieser Entwicklung aufzudecken. Sie sind vielfältig.

Örtlich liegen sie deutlich in den Städten mit Schwerpunkt in Nordrhein-Westfalen. Sachlich ergibt eine Analyse der Ursachen, daß sich für eine Partei auch aus Bundessicht eine moderne und aktive Kommunalpolitik lohnt.

In den 56 Großstädten mit mehr als 100 000 Einwohnern haben am 28. September

die CDU/CSU in acht Städten Gewinne erzielt, in einer Stadt ihren Anteil gehalten, in 45 Städten Verluste erlitten;

die SPD in 53 Städten Gewinne erzielt und in drei Städten Verluste hinnehmen müssen.

Der Trend in den Städten hat sich aus der Kommunalpolitik heraus entwickelt. Schon während des Bundestagswahlkampfes 1965 berichtete das „Handelsblatt" (7. Juli 1965): „Brandts Wahlhelfer: die Oberbürgermeister — Die SPD stützt sich im Bundestagswahlkampf auf ihre Erfolge in den Städten." Die CDU/CSU muß jedoch seit Jahren gegen ihr stadtfremdes Image ankämpfen. Dieses Image war der Union keineswegs angeboren; in der Anfangszeit nach dem Kriege standen die Städte unter erheblich schlechteren wirtschaftlichen Verhältnissen der CDU/CSU aufgeschlossener gegenüber als heute.

131

Einige Ideologen haben dieses Image für die Union in langen Jahren „erarbeitet": Durch eine Wohnungsbaupolitik, die zwar sehr effektiv war, jedoch zu romantisch, um die Massen in den Städten befriedigen zu können; durch eine Raumordnungspolitik, die dem Städter „Entballung" bot; durch eine Finanzpolitik, die zu lange zauderte, die Finanznot der Städte angemessen auszugleichen.

Sucht man die Ursachen für das schwierige Verhältnis der Union zu den Städten, so darf man nicht bei der Version von der Honoratiorenpartei stehenbleiben. Es ist zuzugeben, daß zwanzig Jahre Verantwortung im Bund und in einer Reihe von Ländern eine Verlagerung der Parteiinteressen auf die Bundes- und Landesebene bewirkt und auch das personelle Reservoir zum Nachteil der Gemeinden ausgezehrt haben.

Vor allem darf auch die zu einseitig ländliche Orientierung der Unionsparteien nicht übersehen werden. Gerechterweise ist aber zu berücksichtigen, daß ländliche Abgeordnete neben ihren speziellen Interessen meist auch ein stark entwickeltes Gemeinde- und Gebietsbewußtsein besitzen, sie sind kommunalpolitisch leichter ansprechbar. Städtische Abgeordnete sind vielfach — von hervorragenden Beispielen abgesehen — überwiegend bestimmten Einzel- oder Gruppeninteressen verhaftet. Ihre Stellung als gute Vertreter des Mittelstandes, der Arbeitnehmer, der Arbeitgeber, der Beamten rangiert häufig vor einem allgemeinen kommunalpolitischen Engagement.

Lange Zeit wollte die Union an die Auswirkungen der Kommunalpolitik auf die Bundespartei und die Landesparteien nicht recht glauben. Man versuchte, dem Trend in den Städten mit einer verstärkten Sozial- und Arbeitnehmerpolitik zu begegnen — ohne den erhofften Erfolg, weil die Stellung der Parteien in den Städten in den letzten zehn Jahren von einem Wandel in den wirtschaftlichen und gesellschaftlichen Grundlagen geprägt worden ist. Mit wachsendem privatem Wohlstand haben sich die politischen Probleme von den Einzel- und Gruppenbedürfnissen immer mehr zu den Gemeinschaftsbedürfnissen hin verlagert.

In der modernen Gesellschaftspolitik aber nimmt die Kommunalpolitik eine starke Stellung ein. Die Städte sind als die Kernpunkte vieler Notstände und Probleme besonders betroffen, und die Bewohner der Städte und ihres Umlandes sind entsprechend reagibel.

Kommunalpolitik ist aus mehreren Gründen für eine Partei wichtig: einmal wegen der unmittelbaren Wirkung auf die Bürger, denen die Gemeinde immer noch am nächsten steht. Zweitens prägt die Haltung einer Partei in der Kommunalpolitik entscheidend ihr Image. Schließlich hängen Erfolg oder Mißerfolg, Aktivität oder Resignation eines großen Stammes der Parteifunktionäre weitgehend von der konkreten Bewertung der Kommunalpolitik durch ihre Partei ab.

Geradezu existenzentscheidend für eine Partei ist aber ihre Haltung gegenüber den Städten. Wir erleben einen unaufhaltsamen Urbanisierungsprozeß. Eine als „ländlich" abgestempelte Partei steht darum zwangsläufig auf der Verliererseite, während eine städtisch ausgerichtete Partei aus der Urbanisierung Nutzen zieht. Ein ländliches Image ist für eine Partei in den Städten von Nachteil. Dagegn bringt ihr ein städtisches Image auf dem Lande keinen Schaden — im Gegenteil. Auch die Bürger in den Dörfern streben nach städtischer Lebensform. Eine den Städten gegenüber aufgeschlossene Partei kann die Funktion der Städte als Zentren der geistigen Kommunikation und der Massenmedien nutzen, und dies wiederum verleiht den in den Städten führenden Politikern eine größere Strahlkraft. (1969)[48]

Früher war die Stadt ein Zustand, heute ist sie ein Prozeß

Was war die Stadt noch vor 100 Jahren? Ein festgefügter Körper, ein Hort der Beständigkeit und Sicherheit, in dem sich Veränderungen nur unmerklich vollzogen. Man lebte und starb in der Stadt. Reisen war das Vorrecht weniger, und eine Übersiedlung von einer Stadt zu anderen war eine große Seltenheit. Auf den gepflasterten Straßen rollten Postkutschen, und die Gemeinschaftseinrichtungen beschränkten sich darüber hinaus weitgehend auf Gerichte, Polizei und Schulen.

Dann begann, noch im 19. Jahrhundert, die „Explosion des Wissens", wie sie der französische Nationalökonom und Soziologe Jean Fourastié nennt. Mit immer größerer Beschleunigung wuchsen uns naturwissenschaftliche Erkenntnisse zu. Die unglaubliche Dimension dessen, was hier vorgeht, hat sehr plastisch, ja geradezu erregend die UNESCO in einem 1961 veröffentlichten Bericht gezeigt. In der Einführung zu diesem Bericht heißt es:

„Die naturwissenschaftliche Forschung, die in der Welt des 19. Jahrhunderts nur eine Nebenrolle spielte, ist im 20. Jahrhundert so wichtig geworden, daß es nicht mehr möglich ist, irgendeine menschliche Gesellschaft auch nur in ganz groben Umrissen zu schildern, ohne der naturwissenschaftlichen Forschung den ihr zukommenden Platz einzuräumen. Die größere Schnelligkeit, mit der Entdeckungen heute aufeinander folgen, könnte als eine Erscheinungsform der Akzeleration in der Geschichte angesehen werden, einer Akzeleration, die im Laufe der Entwicklung menschlicher Gesellschaften stets zu beobachten war und ist. Es steht jedoch fest, daß die naturwissenschaftliche Tätigkeit mit all ihren technischen und wirtschaftlichen Folgen, verglichen mit anderen Bereichen menschlicher Betätigung, gegenwärtig eine Periode besonders schneller Entwicklung durchläuft und sich, ganz allgemein gesagt, im Laufe jedes Jahrzehnts etwa verdoppelt.

Eine der wesentlichen Folgen dieses Gesetzes der Verdoppelung der naturwissenschaftlichen Tätigkeit in jeweils zehn Jahren läßt sich folgendermaßen ausdrücken: Die Zahl der heute lebenden Naturwissenschaftler beläuft sich auf 90% aller Naturwissenschaftler und Forscher, die von den Anfängen der Geschichte an bis heute lebten und wirkten."

Soweit das Zitat aus der Einführung zum UNESCO-Bericht. Die Tatsache, daß in den letzten 50 Jahren in Wissenschaft und Technik mehr Erkenntnisse und Fortschritte erzielt wurden als in der Menschheitsgeschichte vorher, findet nicht nur im wissenschaftlichen und besonders industriellen Bereich, sondern ebenso in den Gemeinschaftseinrichtungen und in den Grundlageninvestitionen der Gemeinden ihren Niederschlag.

Wir befinden uns heute in einem radikalen Wandel unserer Lebensverhältnisse. Ursache dieser rapiden Veränderungen sind fortschreitende Technisierung, Rationalisierung und Automatisierung der Produktion. Das sind die gewaltigen Triebkräfte des immensen Verlagerungsprozesses vom primären und sekundären Produktionssektor zum tertiären Sektor der Dienstleistung. Folgen sind — um nur einige zu nennen

— eine ständig steigende Mobilität unserer Bevölkerung (allein 1968 haben in der Bundesrepublik 8 Millionen Menschen ihren Wohnsitz gewechselt),

— Folge ist ferner das Einströmen der Menschen in die Verdichtungsräume, besonders in deren Randzonen, und in neu entstehende Verdichtungsgebiete.

— Folgen sind weiterhin die sprunghafte Zunahme des Verkehrs, des Energie- und Wasserbedarfs, der Abwassermengen und der Müllberge, der Verschmutzung und Vergiftung unserer Luft und unseres Bodens.

— Folgen dieser Wandlung sind aber auch eine beträchtliche Steigerung der Produktivität unserer Wirtschaft und damit unseres Lebensstandards sowie eine Zunahme unserer Freizeit.

Mit Recht spricht man von einem Strukturwandel der Wirtschaft und der Gesellschaft, der in seiner Tragweite noch nicht zu überschauen ist und der eine Gesetzmäßigkeit aufweist, die in ihrem Ablauf eine atemberaubende Beschleunigungstendenz birgt. Der Strukturwandel hat unsere Städte noch während ihres Wiederaufbaus überrascht; er trifft sie in ihren Grundlagen und in einem Zustand, der von früheren Generationen für andere Verhältnisse geschaffen worden war. So gesehen wird es verständlich, daß z.B. die Entwicklung des Verkehrs Eingriffe in unsere Stadtstrukturen nötig macht, wie sie bisher niemals in der Geschichte der Städte stattgefunden haben.

War die Stadt ehedem ein Zustand, so ist sie heute ein Prozeß. Der Stadtbegriff dynamisiert sich immer mehr, die Städte verändern sich heute unaufhörlich. Ihr Investitionsbedarf ist ein Reflex dieser Entwicklung, der quantitativen und strukturellen Entwicklung der Bevölkerung, der Technik, des Verkehrs, des Wachstums der Wirtschaft und, nicht zuletzt, der Ansprüche der Menschen, soweit ihre Erfüllung über das individuelle Leistungsvermögen hinausgeht und nur von der Gemeinschaft vorgenommen werden kann. Der Lebensstandard des einzelnen hängt heute nicht mehr allein von der Höhe seines individuellen Einkommens ab, sondern sehr wesentlich auch vom Vorhandensein und Funktionieren der kommunalen Gemeinschaftseinrichtungen. Heute könnte der Bürger ohne die kommunalen Einrichtungen, wie Wasser, Strom, Gas, Kanalisation, Müllabfuhr, Krankenhaus, Straßen und öffentliche Verkehrsmittel kaum einige Tage existieren. Wie rasant diese Bedürfnisse und Ansprüche wachsen, zeigt sich darin, daß allein in den letzten 20 Jahren sich die Abwassermengen, die Stromabnahme, die Gasabnahme, der Müllanfall, die Zahl der Schulplätze usw. fast in jeder Stadt vervielfacht haben.

Ein Problem ist aber nicht nur die Quantität, sondern auch die Qualität dieser Ansprüche. Der Schulplatz von 1970 ist nicht mehr der von 1950, und der Operationssaal sowie die medizinisch-technische Ausrüstung eines Krankenhauses sieht ganz anders aus als noch vor wenigen Jahren. (1970)[49]

Zuerst Stabilität und dann Priorität

Meine These lautet: Zuerst Stabilität und dann aber Priorität. Nur in dieser Reihenfolge wird es uns gelingen, ein Höchstmaß an großen kommunalen Investitionsaufgaben zu erfüllen. Warum wir Priorität für die Aufgaben und Probleme unserer Städte fordern müssen, das ist gestern in der Präsidentenrede und im Münchner Appell deutlich belegt worden. „Rettet unsere Städte jetzt" heißt ja vor allem: Gebt den Problemen und Aufgaben der Städte Priorität. Und Priorität wiederum heißt,

— zu bekennen, daß die Mark nur einmal ausgegeben und nicht alles auf einmal gemacht werden kann, und

— zu entscheiden, was wichtiger und was dringender ist.

Unsere Forderung nach Priorität ist nicht neu. Ganz deutlich hat sie der Hauptausschuß des Deutschen Städtetages in seiner am 27. Oktober 1965 beschlossenen Kundgebung an Bundestag und Bundesregierung mit der Forderung nach Vorrang für wachstumsfördernde Investitionen vor übermäßiger Konsumausweitung formuliert. Wir blieben mit dieser Forderung auch nicht ganz ohne Erfolg, wie die 3 Pfennig-Regelung bei der Mineralölsteuer und das Ergebnis der Gemeindefinanzreform zeigen.

Dennoch, im freien Spiel der Kräfte fällt es sehr schwer, sachliche Prioritätsentscheidungen zu erhalten. Und ich meine damit nicht nur die Wirtschaft, sondern auch die Politik. Sachlich volkswirtschaftlich ist es z.B. einfach nicht zu erklären, daß wir in der Bundesrepublik ein verhältnismäßig gut ausgebautes Fernstraßennetz und einen hochentwickelten Individualverkehr besitzen, im innerstädtischen Verkehr aber Notstand und Chaos haben und der öffentliche Nahverkehr noch eine äußerst schwierige und gefährliche Durststrecke durchzustehen hat, weil die Städte 10 bis 15 Jahre zu spät mit dem Ausbau beginnen konnten. In den Städten haben wir jetzt alle negativen Auswirkungen des Individualverkehrs, können andererseits aber noch kein voll funktionsfähiges System des öffentlichen Nahverkehrs als Alternative anbieten. Aber auch heute, da das Defizit im öffentlichen Personennahverkehr 1971 bereits 1 Milliarde DM erreicht, läßt das Nahverkehrsprogramm des Bundes immer noch auf sich warten. Sogar eine so verhältnismäßig kleine Frage wie die Freigabe der Parkgebühren in den Innenstädten, die aus verkehrspolitischen Gesichtspunkten so wichtig wäre, harrt jetzt seit Jahren auf eine Entscheidung. (1971)[50]

Die Stadt — Segen oder Verhängnis?

I. Das Thema „Leben in der Stadt und mit der Stadt — Segen oder Verhängnis?" enthält zwei Fragen, nämlich

— einmal die Frage nach dem Leben in der Stadt, also nach dem Verhältnis der Bürger in ihren Städten,

— und zum anderen die Frage nach dem Leben mit der Stadt, d.h. nach dem Verhältnis des Landes zu seinen Städten, nach der Stellung der Stadt in der Gesellschaft.

Eine umfassende Untersuchung der Fragen ist mir schon aus zeitlichen Gründen nicht möglich. Ich will aber versuchen, mit einigen Bemerkungen grundsätzlicher und auch aktueller Art zu einem Problem beizutragen, das für die Mehrheit unserer Bevölkerung unmittelbar von existentieller Bedeutung ist. In den Städten entscheidet sich die Zukunft, erfüllt sich entweder die Hoffnung auf ein besseres Leben oder wird diese Hoffnung mit allen bitteren Konsequenzen enttäuscht.

Es handelt sich also um ein Thema mit einem recht ernsten Hintergrund. Dabei stellt sich die Frage, ob die Stadt Segen oder Verhängnis ist, gar nicht so ohne weiteres. Alexander Rüstow etwa würde die Frage wahrscheinlich überhaupt nicht akzeptieren. Für ihn ist die Stadt „die Wachstumsspitze der Hochkulturen. . . . Stadtbildung ist die unumgänglich notwendige Voraussetzung für die Entstehung jeder Hochkultur . . . Die Stadt ist das typische Produktionszentrum aller Hochkulturen. Alle Hochkultur ist Stadtkultur."

Solch hohe Wertung der Stadt ist jedoch nicht unumstritten. Oswald Spengler z.B. geht in seinem „Untergang des Abendlandes" zwar auch davon aus, daß alle Kulturen in den Städten kulminierten, aber er meint, daß sie auch gerade in diesen Städten zum Untergang verurteilt seien.

Betrachten wir zunächst die äußerst spannungsreiche, ja explosive Frage einmal aus der Perspektive eines der größten städtischen Problemgebiete der Erde, aus der Sicht New Yorks. John V. Lindsay kommt in seinem Buch, in dem er über seine Erfahrungen als früherer Oberbürgermeister von New York berichtet, zu einer frappierenden Feststellung: „Auf eine Art lassen sich all unsere Probleme zu einem gemeinsamen Ausgangspunkt zurückverfolgen: wir Amerikaner lieben unsere Städte nicht. Das ist eigentlich absurd. Immerhin leben mehr als drei Viertel von uns in Städten, und immer mehr ziehen jedes Jahr dorthin. . . . Dennoch ist es historisch wahr: In der amerikanischen Vorstellung ist die Stadt ein suspektes Unternehmen, verseucht von europäischer Korruption, ohne die Weite und Unschuld des unberührten Landes." Lindsay sucht auch eine Erklärung für die starke antistädtische Haltung, die nach seiner Meinung fest im amerikanischen Denken verwurzelt sei, und findet sie darin, daß viel von der Kraft, die Amerika besiedelt habe, Reaktion auf die Bedingungen in europäischen Industriezentren gewesen sei.

Diese Erklärung ist für uns Europäer nicht sehr schmeichelhaft, offensichtlich aber etwas zu stark auf das amerikanische Pilgerväterdenken zugeschnitten. In Wirklichkeit haben wir nämlich in Europa eine ganz ähnliche Entwicklung. Zunächst galt allerdings, wie Gelpke in der Festschrift für Ernst Egli so schön beschreibt, „bis zur Mitte des 18. Jahrhunderts, ja fast bis zur Französischen Revolution, die Stadt als ‚gut', als Stätte der Geborgenheit, der Bildung, des Anstandes und der sozialen Sicherheit. ‚Urban' war gleichbedeutend mit universell, gebildet, kultiviert. Nach urtümlicher, ungestalteter Natur und Landschaft hatte der Städter damals kein Bedürfnis. Das Land empfand er im Gegenteil als rückständig, tölpelhaft oder gar verdorben, wie dies zum Beispiel Erasmus von Rotterdam im ‚Lob der Torheit' beschreibt."

Der Wandel kam dann mit Rousseaus Lobpreisung der „Reinen Natur" und mit der Romantik. Danach bauten sich Vorbehalte gegenüber den städtischen Lebensbedingungen und gegenüber der städtischen Lebensform auf, und es begann gleichzeitig eine Verherrlichung alles Ländlichen. Während noch Goethe bei seiner Alpenüberquerung, angewidert von der barbarisch brutalen Natur, die Vorhänge seiner Kutsche zugezogen hatte, begann jetzt in der Romantik die Bewunderung und Beschreibung von Naturschönheiten und der Alpinismus. Wilhelm Heinrich Riehl — geboren 1823, ein Jahr nachdem Wilhelm Müller den Lindenbaum am Brunnen vor dem Tore pries — wurde im weiteren Verlauf des 19. Jahrhunderts der bekannteste Interpret der Großstadtkritik und der Großstadtfeindlichkeit. Er steht am Anfang eines agrarromantischen Denkens, das in der Großstadt die Quelle und das Symbol allen gesellschaftlichen, kulturellen und politischen Übels erblickte. „Europa geht an der Größe seiner Städte zugrunde" ist einer der bekanntesten Kernsätze seines vierbändigen Werkes über die Naturgeschichte des deutschen Volkes.

In vielen und in vielem lebt Wilhelm Heinrich Riehl heute noch. Wir dürfen allerdings ihm und seinen Geistesgenossen nicht alle Schuld geben und einen Irrtum nicht entstehen lassen. Ich sagte vorhin, bis zur Mitte des 18. Jahrhunderts habe die Stadt als „gut" gegolten. Dies war damals nur eine vorübergehende, in der Aufklärung kulminierende Bewunderung für die Stadt gewesen, die lediglich eine altverwurzelte Städtefeindlichkeit für eine gewisse Zeit unterbrochen hatte.

Bei uns galt eben leider nicht, was Erich Kühn über das Werden und Wesen der Stadt im Vorderen Orient, in Mesopotamien und Ägypten, generell und in Griechenland im besonderen feststellte: „Wenn die griechische Antike heute noch unser Dasein weitgehend bestimmt, so weil ihre städtische Kultur ihr einen Vorsprung von mehreren tausend Jahren verschaffte." In Mitteleuropa galt seit den Stadtgründungen im Mittelalter, was der bekannte Rechtshistoriker Heinrich Mitteis in seiner „Deutschen Rechtsgeschichte" schlicht folgendermaßen formulierte: „Die Germanen waren städtefeindlich."

Eine Schlüsselrolle — aber auch das ist nur ein Beispiel — nahm das Lehnswesen ein. Für die Entwicklung der italienischen Stadtstaaten war es z.B. bedeutungsvoll, daß es den Städten gelang, sich unmittelbar in das Lehnswesen einzuschalten. Sie wurden selbst zu Großvasallen und machten sich ihrerseits die Masse des Kleinadels als Untervasallen dienstbar. Den deutschen Städten, die in ihrer Entwicklung gegenüber den italienischen zurückgeblieben waren, gelang es dagegen nicht mehr, in die inzwischen abgeschlossene Heerschildordnung, d.h. in die Ordnung der Lehnsfähigkeit einzudringen. Adel und Städte blieben in Deutschland Gegensätze, während in Italien eine Verstädterung des Adels eingetreten war. In Deutschland hat es zudem das Reich verabsäumt, ein Reichsbürgerrecht zu schaffen und das aufstrebende Bürgertum an sich zu fesseln. Schon damals im hohen Mittelalter wurde der Boden bereitet, auf dem dann später im 19. und 20. Jahrhundert zunächst die romantische und jetzt die modernistische Stadtkritik gedeihen konnte.

Die Aversion gegen die Städte hat heute wie in früheren Zeiten dieselben Wurzeln. Besteht z.B. wirklich ein Wesensunterschied

141

— zwischen dem heutigen Bemühen interessierter Kreise, die Ballungsräume — schon dieser neudeutsche Begriff für das schöne Wort Stadt demaskiert! — als unwirtschaftlich erscheinen zu lassen und ihnen mit dieser Begründung in den Finanzregelungen die erforderlichen Mittel zugunsten anderer Bereiche vorzuenthalten

— und etwa dem berühmten sogenannten Fürstengesetz von 1231/32, mit dem Kaiser Friedrich II. den Städten verbot, weiterhin bäuerliche Hintersassen als „Pfahlbürger" zur Stärkung der Wehr- und Wirtschaftskraft der Städte aufzunehmen, damit die Herrschaftsrechte des Adels auf dem flachen Land nicht geschwächt wurden?

II. Die Städtefeindlichkeit ist ein Phänomen, mit dem die Städte im mitteleuropäischen Raum mit Ausnahme einiger weniger Perioden während ihrer ganzen Geschichte zu leben und fertig zu werden hatten. Nach dem zweiten Weltkriege kam noch etwas anderes hinzu, was nur aus der beispiellosen Situation des Jahres 1945 heraus zu erklären ist.

„Die Städte lagen in Schutt und Asche; die meisten ihrer Bewohner mußten in Ruinen oder Notunterkünften ihr Dasein fristen. Weite Bevölkerungskreise drohten zu verelenden, weil unsere Wirtschaft nicht einmal die lebensnotwendigsten Konsumgüter ausreichend bereitstellen konnte. Die hygienischen Verhältnisse waren trostlos. Die Geburtenüberschüsse der Vorkriegszeit waren erheblichen Sterbeüberschüssen gewichen. Säuglingssterblichkeit, Kinderlähmung, Rachitis, Diphtherie, Wachstumsschäden, Tuberkulose, Geschlechtskrankheiten hatten an Zahl und Schwere gefahrdrohend zugenommen. In diese verwüsteten und gefährdeten Städte strömten Jahr für Jahr Zehntausende von Vertriebenen und Flüchtlingen, die unter Zerreißung der Familienbande und harter Bedrohung des Lebens ihre Heimat und allen Besitz verloren hatten. Langsam kehrten auch Evakuierte und entlassene Kriegsgefangene zurück. Lange Jahre fehlten Tausende von Kriegsgefangenen ihren Familien als Ernährer. Viele betagte Eltern hatten im Krieg die Stütze ihres Alters, unzählige Frauen und Kinder den Ehemann und Vater verloren und mußten sich allein durchs Leben schlagen."

Dieses Zitat klingt beinahe wie eine Schilderung aus dem Dreißigjährigen Krieg, ist aber der Beginn der großen Rede, mit der der leider vor drei Wochen verstorbene Stuttgarter Oberbürgermeister Arnulf Klett als damaliger Präsident des Deutschen Städtetages bei der Hauptversammlung 1965 eindrucksvoll die Bilanz des zwanzig-jährigen Aufbaus zog. Wie dieser Aufbau bewältigt wurde, das wird wohl erst eine spätere Generation voll würdigen können; fern des Gefühls, sich selbst anerkennend auf die Schulter zu klopfen, läßt sich schlicht feststellen, daß es etwas Vergleichbares in Zeit, Raum und Ausmaß bisher noch kaum gegeben hatte.

Die jüngere Generation steht dieser Aufbauleistung heute recht kritisch gegenüber. Es ist auch nicht zu leugnen, daß die Entwicklung nach 1945 Auswirkungen und Folgen hatte, gegen die die Städte jetzt anzukämpfen haben.

Wesentlichste Ursache ist wohl, daß aus dem Aufbauwillen eine Dynamik erwuchs, die einerseits zwar ungeheure Kräfte erzeugte, die andererseits aber auch zu Ausuferungen führte.

— Die Einwohnerzahlen der Städte z.B.:

Nichts war beim Wiederaufbau natürlicher als die Rückkehr der Bevölkerung in die im Krieg verlassenen Städte, und nichts war widersinniger als die städtefeindlichen Kommentare, mit denen diese außerdem noch um 13 Millionen Flüchtlinge und Vertriebene verstärkte Bevölkerungswanderung zum Teil versehen worden ist. Die Städte füllten sich aber im weitern Verlauf teilweise mehr als jedenfalls in dieser Geschwindigkeit guttat.

— Mit diesem Wanderungs- und Entwicklungsprozeß konnte die infrastrukturelle Bewältigung nicht überall mithalten. Es gab Diskrepanzen, Engpässe und Notstände auf verschiedenen Gebieten.

— Die Entwicklung verlief vor allem für die Beschaffung des Bodens und für die bauliche Gestaltung zu schnell. Rolf Keller, ein Schweizer Architekt, veröffentlichte jüngst mit entlarvenden Fotos die Sünden des modernen Städtebaus; die „Neue Zürcher Zeitung" pries das Buch als „eine Streitschrift wider die Untaten in Beton".

— Mit am verhängnisvollsten war aber das schnelle Wachstum der Ansprüche der Menschen. Obwohl ungeheuer viel erreicht worden ist, haben wir doch wohl alle zu viel erwartet und das Mehr zu schnell haben wollen.

So ist es wahrscheinlich zu erklären, daß mit dem Abschluß der Wiederaufbauphase sowohl die Stimmung gegen die Städte zu einer modernistischen Art der Stadtfeindlichkeit führte als auch die Stimmung in den Städten umschlug. Erinnern wir uns an die 50er und 60er Jahre, an die von Selbstbewußtsein und Optimismus gezeichnete Grundeinstellung der Kommunalpolitiker und auch der Bürger zu ihrer Stadt. Man war damals allgemein überzeugt, daß im Grunde genommen alles in Ordnung sei; Wachstum in Wirtschaftskraft und Bevölkerung waren anerkannte und auch erreichte Entwicklungsziele gewesen.

Dann kam ein Wandel. Und er wäre nicht so schnell und so kraß gekommen, wenn nicht die Zeit des Aufbaus gleichzeitig eine Zeit wissenschaftlich-technischer Revolution und Explosion geworden wäre. Angetrieben von immer schnellerem Fortschreiten der Naturwissenschaften änderten und ändern sich die Produktionsverfahren, die Kommunikationstechniken und ihnen folgend die Lebensverhältnisse der gesamten Bevölkerung in immer kürzeren Abständen. Es ist ein Tatbestand von ungeheurer Tragweite, der in den Diskussionen immer wieder zu wenig berücksichtigt wird, daß sich das Alltagsleben der Menschen in den letzten beiden Generationen stärker gewandelt hat als in den vorausgegangenen zweitausend Jahren. Beides zusammen, der Wiederaufbau nach dem Krieg und die wissenschaftlich-technische Revolution, waren für eine Generation fast zu viel. (1974)[51]

„Rettet unsere Städte jetzt!"

„Wir leben in einer Zeit immer rascherer und tieferer Veränderungen. Angetrieben vom immer schnelleren Fortschreiten der Naturwissenschaften ändern sich die Produktionsverfahren, die Kommunikationstechniken und ihnen folgend die Lebensverhältnisse der gesamten Bevölkerung in immer kürzeren Abständen. So hat sich das Alltagsleben der Menschen in den letzten beiden Generationen stärker gewandelt als in den vorausgegangenen 2000 Jahren, und alles deutet darauf hin, daß sich dieser Wandel in der Zukunft eher noch beschleunigen wird.

Diese Entwicklung hat alle Lebensgebiete und alle Institutionen ergriffen. Sie hat aber im besonderen Maße die Städte herausgefordert . . .

Mit dieser Entwicklung vermögen die Städte immer weniger Schritt zu halten. Die Spannung zwischen Bedarf und Erfüllung nimmt ständig zu und droht in immer mehr und größeren Bereichen unerträglich zu werden.

— Da ist das tägliche Verkehrschaos, das Leben und Gesundheit kostet, Nerven und Zeit raubt sowie unsinnige materielle Aufwendungen erfordert;

— da ist das drohende Absterben der durch den Individualverkehr lahmgelegten und erstickten Innenstädte;

— da sind die Dunstglocken und der Smog, die verschmutzten Seen und Flüsse sowie die unerträglichen Ausstrahlungen des Verkehrslärms;

— Da ist der Mangel an gesunden Wohnungen und dringendsten Gemeinschaftseinrichtungen wie Krankenhäuser, Schulen und leistungsfähigen Schienenverkehrsmitteln.

Vieles in unserer Gesellschaft ist solide und muß erhalten bleiben. Vieles in unserer modernen Wirtschafts- und Industriegesellschaft liegt im argen und zeigt gefährliche Tendenzen.

Was nicht in Ordnung ist, was nicht bewältigt werden kann, offenbart sich besonders kraß in unseren Städten. Unruhe macht sich bemerkbar.

Aber die Welt kann auf ihre Städte nicht verzichten. Mehr denn je ist sie auf die Städte angewiesen. Die zentralen Funktionen unserer Städte sind existenzielle Voraussetzung für das gesamte gesellschaftliche und kulturelle Leben. In den Städten realisiert und konzentriert sich politische Zielsetzung und Praxis. Die Städte sind Szene und Tribunal gesellschaftspolitischer Auseinandersetzung und in diesem Sinne nicht dritte Ebene, sondern die Ebene der Entscheidung."

Ein gewisses Pathos ist nicht zu vermeiden, denn es handelt sich um ein Zitat aus dem Münchner Appell der deutschen Städte „Rettet unsere Städte jetzt!", der bei der Hauptversammlung des Deutschen Städtetages 1971 verabschiedet worden ist.

Dieser damalige Ruf hat ein breites und langanhaltendes Echo erfahren. Dolf Sternberger hat in seiner berühmten „Rede über die Stadt" am 16. November 1973 im ehrwürdigen Rathaus von Bremen gesagt: „Die Stadt ist unser Schicksal. Sie breitet sich tagtäglich weiter aus, im einzelnen wie im ganzen. Heute wohnt, wie man berechnet hat, fast die Hälfte aller Menschen auf der Erde in Städten. Schon in naher Zukunft, meint Toynbee, werde der normale Mensch ein Stadtbewohner sein. Die Städte dehnen sich aus, und indem zerfließen sie auch, wachsen ineinander; Mauern und Türme sind längst geschwunden, die alten Mittelpunkte und Merkzeichen, Kirche, Rathaus, Markt, Wache, Börse sinken zu verzwergten Sehenswürdigkeiten herab, die mehr von den Touristen als von den Einwohnern wahrgenommen werden, die Dome werden von Bürohochhäusern übertrumpft, Schnellbahntunnels unterwühlen, Brückenstraßen überschwingen das ‚Dickicht der Städte', die Urbanisierung droht ins Abstrakte bloßer Ballungsräume zu geraten, die technokratische Regionalplanung greift auf ganze Städtekomplexe aus, die Lokalverwaltungen scheinen vielfach ohnmächtig, kaum eine Stadt vermag aus eigener Kraft zu leisten, was auf ihrem Gebiet erfordert wird."

In dieser Ohnmacht, bei dieser fehlenden Finanzkraft, manchmal auch mit einer gewissen Ratlosigkeit ob der Fülle und Schwere der Probleme haben die Städte neue Wege und neue Mittel gesucht.

Eines dieser Mittel heißt „Stadtentwicklung", und mit ihr suchen wir „Wege zur menschlichen Stadt" — das war das Thema der Hauptversammlung 1973, mit dem Antwort gegeben werden sollte auf den Appell zur Rettung unserer Städte. (1974)[52]

Lieben die Städte heute
noch ihre Industrie?

Eine etwas peinliche Frage. Wenigstens setzt sie voraus, daß die Städte ihre Industrie einmal geliebt haben. Und dies kann man mit Fug und Recht sagen, nachdem in den 25 Jahren nach dem Krieg eine Wiederaufbauleistung vollbracht wurde, die ohne Beispiel in der Welt ist und die ohne enge und gute Zusammenarbeit zwischen Städten und Wirtschaft gar nicht denkbar gewesen wäre.

Aber jetzt? Im Gegensatz zu der landläufigen Meinung, wonach die Gemeinden sich beim Bemühen um Industrieansiedlungen über alle Gebote des Umweltschutzes hinwegsetzen, häufen sich die Fälle, in denen es Gemeinden ablehnen, eine aus regionaler oder gesamtstaatlicher Sicht gewünschte Industrieansiedlung zu übernehmen. Umweltschutz und Finanzstruktur sind die Ursachen des Meinungswandels.

Nach 20 Jahren Wiederaufbau, und das bedeutet nach 20 Jahren intensivster Industrialisierung und Motorisierung, wurde für viele der Wohlstand zur Plage; der Umweltschutz war einfach fällig. Neu waren allerdings nur der Name und die Intensität, mit der der Aspekt des Schutzes der Umwelt als Kontrapunkt zur Wirtschaft in Erscheinung trat. Die Forderung nach Sicherung und Erhaltung einer lebenswerten Umwelt ist zumindest für den kommunalen Bereich nicht neu. Die Beschaffung und Sicherung reinen Trinkwassers, die Abfallbeseitigung, die Abwasserwirtschaft sind alte kommunale Aufgaben; die städtebauliche Planung, die Landschaftspflege sowie die Energieversorgung sind weitere kommunale Aktionsfelder zum Schutze des Menschen vor nachteiligen Auswirkungen.

Es ist deshalb nicht erstaunlich, daß der Umweltschutzgedanke im kommunalen Bereich schnell Fuß fassen konnte. Der Vollzug des Umweltschutzes geschieht auch, soweit er überhaupt in der Hand öffentlicher Investitionen liegt, ganz überwiegend in kommunaler Verantwortung. Es sind ja nicht allein spektakuläre Kernkraftwerke, bei denen Umweltschutzprobleme entstehen, es sind vor allem die vielen alltäglichen Entscheidungen und Maßnahmen in

147

unseren Städten, von denen die Lebenswürdigkeit und Menschlichkeit unserer Städte abhängen.

Ein weiteres kommt noch hinzu: Die Städte und Gemeinden sind die bürgernaheste der drei öffentlichen Ebenen. Auf kaum einem anderen Gebiet des öffentlichen Interesses sind so zahlreiche Bürgerinitiativen tätig geworden wie im Bereich des Umweltschutzes. Sehen wir von den politisch motivierten Aktionen ab, dann ist dies einerseits ganz natürlich und legitim, so beschwerlich es für Verwaltungen und Räte auch im Einzelfall einmal sein mag. Andererseits wird verständlich, daß unter diesen Umständen der Umweltschutz in den Städten und Gemeinden Interesse finden und eine gewisse Priorität erlangen konnte sowie Konflikte zwischen den Zielen des Umweltschutzes und der Förderung wirtschaftlicher Betätigung entstehen mußten.

Man muß zusätzlich einen positiven Aspekt in der Entwicklung sehen. Zunehmend dienen gute Umweltbedingungen auch der Wirtschaftswerbung der Städte. Geringe Umweltbelastung ist ein Argument geworden, mit dem man Aktivitäten in die Städte locken kann. Zur Idealformel für Wirtschaftsförderung plus Umweltschutz gerät der Gewinn jener Industriezweige, die der Umweltschutz selbst hat entstehen lassen und die durch hohe Produktivität gekennzeichnet sind.

Obwohl wir uns in der Bundesrepublik einer fast perfekten Umweltschutzgesetzgebung nähern — gesicherten naturwissenschaftlichen Grundlagen leider etwas vorauseilend — hätte der Umweltschutz allein kaum den Meinungswandel von der aktiven Sympathie der Städte für Industrieansiedlungen zur deutlichen Reserve bewirken können. Es kam eine tiefgreifende Änderung der Finanzstruktur hinzu, die das kommunalpolitische Denken und Handeln in den letzten Jahren schnell und stark beeinflußte: Der Wohnsitz ist für die Gemeinden wichtiger geworden als der Betrieb.   (1976)[53]

Wie neue Probleme entstehen: Asylbewerber

Die Städte haben in den letzten Jahrzehnten Millionen von Heimatvertriebenen, Flüchtlingen und Spätaussiedlern erfolgreich eingegliedert, ihnen eine neue Heimat gegeben. Seit Mitte der 60er Jahre haben sie sich mit ständig wachsendem Problemdruck der Herausforderung einer Integration von inzwischen über 4 Millionen ausländischen Arbeitnehmern mit ihren Angehörigen zu stellen. Diese Aufgabe ist noch längst nicht gelöst.

Eine weitere gleichermaßen schwierige, in ihrer Größenordnung noch nicht übersehbare Problematik kommt aber schon wieder auf die Städte zu. Verstärkt seit dem Jahre 1976 — mit dramatischen Steigerungsraten in den letzten beiden Jahren — strömen Angehörige fremder Nationalitäten in die Bundesrepublik Deutschland und berufen sich auf das Asylrecht. Die Zahl von über 50 000 Asylanträgen im Jahre 1979 wird sich 1980 voraussichtlich verdoppeln bis verdreifachen. Nur eine verschwindende Minderheit der Antragsteller hat einen wirklichen Asylgrund: alle anderen kommen aus wirtschaftlicher Not. Bund und Länder kommen ihnen im Ausländergesetz festgelegten Verpflichtungen, die Asylbewerber bis zur Entscheidung über ihren Antrag in Sammellager einzuweisen, nicht nach, sondern schieben diese Menschen in die Gemeinden ab. Dort müssen Angehörige der unterschiedlichsten Nationalitäten während eines in der Regel jahrelang dauernden Asylverfahrens untergebracht und betreut werden.

Die rapide steigenden Zahlen haben die Städte an den Rand ihrer Aufnahmefähigkeit gebracht; die Gefahr schwerer sozialer Spannungen wächst. Frühzeitige massive Warnungen des Deutschen Städtetages mit konkreten Abhilfevorschlägen haben zwar 1980 den Gesetzgeber nach längerem Zögern zu dann teilweise überhasteten Aktivitäten veranlaßt. Gelöst ist die Problematik jedoch noch nicht.

Die Städte sind nach wie vor bereit und betrachten es als ihre Verpflichtung, echten politischen Flüchtlingen umfassend zu helfen und sie in bewährter Weise in die deutsche Gesellschaft zu integrieren. Das wird ihnen allerdings unmöglich gemacht, wenn der ungeregelte Zustrom von Wirtschaftsflüchtlingen nicht wirksam eingedämmt wird. Damit stehen die Städte vor ihrem jüngsten Problem! (1980)[54]

Gewerbesteuer bei Standortentscheidungen nebensächlich

Um den Prozeß der Standortwahl von privatwirtschaftlichen Unternehmen erfolgreich beeinflussen zu können, muß sich jede Stadt Klarheit darüber verschaffen, welche Faktoren bei der Standortentscheidung der Unternehmen eine Rolle spielen und welches Gewicht den einzelnen Determinanten aus der Sicht der Unternehmer zukommt.

Die Komplexität der Problemstellung ist bedingt durch die Vielfalt möglicher Standortdeterminanten, die außerdem noch je nach Wirtschaftsbereich (Branche), Produktionsweise und Unternehmenszielen unterschiedliche Bedeutung gewinnen können.

Um die Fülle der Determinanten zu zeigen, darf ich — ohne Rangfolge — potentielle Standortfaktoren aufzählen:

— Arbeitskräfte (quantitativ und qualitativ),

— Boden (quantitatives und qualitatives Flächenangebot),

— Transportkosten (Beschaffungs- und Absatzmarkt),

— Infrastruktur: Versorgung, Entsorgung, Anschluß an überregionale Verkehrsnetze, Gleis- und Straßenanschlüsse, bezugsfertige Produktionsgebäude, Wohnungen für Mitarbeiter, Schulwesen, Freizeitangebote, Einkaufsmöglichkeiten, Behörden;

— direkte materielle Hilfen: Investitionszuschüsse, Sonderabschreibungen, Kredite, Bürgschaften, Preisnachlässe/Ratenzahlungen bei Grundstückskäufen, Tarifermäßigungen;

— Stadt: Image, Entwicklungschancen, Baurecht, Beratung.

In dieser Aufstellung vermissen Sie nun gewiß das, was vielen als der allerwichtigste Bestimmungsfaktor bei Standortentscheidungen erscheint: die Belastung mit kommunalen Steuern. Sehen wir uns den Stellenwert der kommunalen Steuern näher an.

Zunächst muß ich der weit verbreiteten Auffassung entgegentreten, wonach diese Frage eine einseitige Sorge der gewerbesteuerzahlenden Wirtschaft sei. Die Annahme, daß höhere Steuerbelastung das örtliche Gewerbe entweder in den Konkurs oder über die Gemeindegrenze treibt, ist wesentlicher Bestandteil der „kommunalpolitischen Urangst von der verlorenen Attraktivität".

Spielt die Steuer, und daß heißt praktisch die Gewerbesteuer, wirklich diese entscheidende Rolle? Es gibt mehrere empirische Untersuchungen über dieses Problem:

— In einer Untersuchung der Südwestfälischen Industrie- und Handelskammer zu der Frage „Welche der Gründe war für die Wahl des jetzigen Standorts ausschlaggebend?" hat sich für die steuerlichen Gründe eine völlig untergeordnete Bedeutung ergeben. Die steuerlichen Gründe rangierten in einer Reihe von zehn Gründen an letzter Stelle. Allerdings waren die Untersuchungen nicht sehr differenziert.

— fundierter dürften die Untersuchungsergebnisse von Helmut Brede über „Bestimmungsfaktoren industrieller Standorte" sein. Danach liegen Steuern (zusammen mit öffentlichen Vergünstigungen) für die Gesamtheit der Branchen an fünfter Stelle. In den einzelnen Branchen wird diesem Bestimmungsfaktor allerdings eine unterschiedliche Bedeutung beigemessen.

— auch in einer Untersuchung des Rheinisch-Westfälischen Instituts für Wirtschaftsforschung, die auf einer umfangreichen Befragung der Ruhrwirtschaft beruht, haben sich die steuerlichen Aspekte als bedeutsamer erwiesen. In dieser Untersuchung sind speziell „niedrige Gewerbesteuerhebesätze" auf ihre Bedeutung untersucht worden. Unter den aufgeführten Einflußfaktoren nehmen sie für die Gesamtheit aller Branchen im Ruhrgebiet sogar den vierten Platz ein. Allerdings beruhte dies auf dem relativ hohen Niveau der Gewerbesteuerbelastung im Ruhrgebiet vor Abschaffung der Lohnsummensteuer.

— Schließlich möchte ich noch eine Umfrage der „Wirtschaftswoche" anführen, in der in 14 Kommunen die acht wichtigsten Gründe für die Standortwahl ermittelt wurden. Die Gewerbesteuer lag in zwei Fällen an vierter Stelle, in drei Fällen an fünfter Stelle, in sieben Fällen an sechster Stelle und in je einem Fall an siebter und achter Stelle. In keinem Fall erschien die Gewerbesteuer unter den ersten drei Gründen.

Von einer Dominanz der Gewerbesteuer kann man nach diesen Untersuchungen — und ich habe nur wirtschaftsorientierte Untersuchungen angeführt — also nicht sprechen. Freilich darf auch nicht der Schluß gezogen werden, die Gewerbesteuer sei für Standortentscheidungen eine Bagatellerscheinung. Ich muß mich allerdings gleich wieder korrigieren: Für fast zwei Drittel der Gewerbebetriebe ist sie nicht nur eine Bagatelle, sondern existiert sie gar nicht mehr. Nur 36,4% der Gewerbebetriebe zahlten 1980 noch Gewerbesteuer (im Bundesdurchschnitt, nach einer Erhebung des Deutschen Bundestages). Diese Entwicklung mögen viele als Entlastung empfinden, darin liegt aber auch eine große Gefahr sowohl für die Städte und Gemeinden als auch für die restlichen Gewerbesteuerzahler; diese trifft es nämlich um so härter, und der Charakter der Steuer ändert sich. (1982)[55]

Stadt im Wandel

Städten mit mehr als 80 000 und gar mit 100 000 Einwohnern nicht den vollen Rechtsstatus der Kreisfreiheit zu belassen, ist für das übrige Bundesgebiet außerhalb Nordrhein-Westfalens kaum vorstellbar. Gar nicht mehr zu verstehen ist, was hier mit den Amtsbezeichnungen der Oberbürgermeister und Oberstadtdirektoren geschehen ist. Es gibt außerhalb von Nordrhein-Westfalen 121 große kreisangehörige Städte, 104 davon haben weniger als 60 000 Einwohner. Alle 17 nordrhein-westfälischen großen kreisangehörigen Städte haben mehr als 60 000 Einwohner. Alle außerhalb Nordrhein-Westfalens haben die Amtsbezeichnung Oberbürgermeister bzw. Oberstadtdirektor beibehalten, nur Nordrhein-Westfalen drückte seinen großen kreisangehörigen Städten die Amtsbezeichnungen der kleinen Gemeinden auf.

Die Fachwelt fragt sich, was das Land Nordrhein-Westfalen bewogen hat, sich diesem negativen Vergleich auszusetzen und das Selbstverständnis der Städte zusätzlich zur Einkreisung auch noch in dieser Beziehung zu strapazieren. Ich finde keine Antwort auf diese Frage.

Die Konsolidierung unserer Finanzen ist nicht nur schwierig, sie kann auch sehr problematisch sein. Der größte Beitrag der Städte und Gemeinden zur Konsolidierung der Haushalte kommt ja aus der schon erwähnten Talfahrt der kommunalen Investitionen. 1972 haben wir über 34% des kommunalen Haushaltsvolumens für Investitionen ausgegeben, 1983 werden es nur noch 21% sein. Wir haben also hier eine genau gegenläufige Bewegung zu den Sozialausgaben.

Der rapide Rückgang der kommunalen Investitionstätigkeit bringt einige Verzichte mit sich, die vertretbar erscheinen, er führt aber auch zu Schwierigkeiten und zu sehr problematischen Entwicklungen, zum Beispiel im Verkehrsausbau der Städte. Die kommunalen Verkehrsinvestitionen sind nicht nur wegen der eigenen Finanzkrise der Städte in Gefahr, auch das stagnierende Mineralölsteueraufkommen und die stark gestiegenen Tiefbaupreise haben zu einem erheblichen Rückgang des realen Bauvolumens, zur zeitlichen Streckung laufender Baumaßnahmen und zur Zurückstellung neuer Bauvorhaben geführt.

Aus zwei Gründen erscheint mir dies sehr problematisch:

Erstens haben wir in den 60er Jahren für die Verkehrsfinanzierung in Form der Beteiligung der Gemeinden an der Mineralölsteuer und zum Teil auch an der Kraftfahrzeugsteuer ein eigenes, sich selbst tragendes Finanzierungssystem aufgebaut. Dies war ein großer politischer Erfolg. Diesen Erfolg dürfen wir jetzt nicht durch Verzicht der Inanspruchnahme in Gefahr bringen. Bund und Länder würden liebend gerne von uns nicht in Anspruch genommene Mittel für sich verwenden.

Zweitens muß der innenstädtische Verkehrsausbau wirklich säkular gesehen werden.

Das Auto ist jetzt rund 100 Jahre alt. Sehen wir uns diese 100 Jahre einmal näher an. In den ersten Jahrzehnten hatte es sich auf den Straßen der Pferdekutschen zu bewegen. Dann kam der Erste Weltkrieg, danach die Inflation, bald gefolgt von der Weltwirtschaftskrise, die in das „Dritte Reich" überleitete, das bald zum Zweiten Weltkrieg und zu den riesigen Zerstörungen unserer Städte führte. Zu Beginn der 50er Jahre begann zwar recht flott der Fernstraßenbau (Seebohm!), die oben erwähnte Lösung für den innerstädtischen Verkehrsausbau begann aber erst Ende der 60er Jahre zu greifen.

Das heißt, die ungeheure Motorisierungswelle und der damit ausgelöste Traum der Menschen von der Mobilität vollzog sich in den ersten 35 Jahren auf den Straßen der Postkutschen, dann war in den deutschen Städten fünfzig Jahre Investitionspause, die zudem damit endete, daß die an sich unzulängliche Verkehrsinfrastruktur weitgehend noch durch Bomben zerstört wurde. Erst seit etwa 15 Jahren versuchen wir, dem hundert Jahre alten Auto und der Mobilisierung der Bevölkerung durch Ausbau des öffentlichen Personennahverkehrs und eines einigermaßen angemessenen innerstädtischen Verkehrsnetzes gerecht zu werden. Diese um 80 Jahre verzögerte Investitionsausgabe kann jetzt nur in Jahrzehnten erfüllt werden. Jeder Stopp, jede Unterbrechung schadet unseren Städten. (1983)[56]

Städte im Spannungsfeld zwischen Staat und Selbstverwaltung

Seit es Städte gibt, ist das Verhältnis zwischen Staat und Selbstverwaltung die alles entscheidende Frage. Wie stark dieses Verhältnis hin und her schwankt, zeigt z.b. die Tatsache, daß das Allgemeine Preußische Landrecht von 1794 die Städte zu „Anstalten des Staats" degradiert hatte und schon 14 Jahre später derselbe preußische Staat 1808 die Stein'sche Städteordnung erlassen hat.

Den Städten stehen nicht nur eine, sondern zwei staatliche Ebenen gegenüber. Wie wir gesehen haben, ist das seit 1180, seit dem Prozeß Heinrichs des Löwen, in der deutschen Geschichte mehr oder weniger festgeschrieben. Der Kurverein, der Verband der Kurfürsten, war stets stärker als die Städtebünde, so wie heute die Ministerpräsidentenkonferenz und der Bundesrat stärker sind als die kommunalen Spitzenverbände. Wir können nur mit Sachargumenten dienen, der Bundesrat aber hat Stimmrecht!

Die jetzige Bundesregierung ist betont länderfreundlich. Die Krankenhausfinanzierung haben die Länder in den letzten Wochen bereits zurückgeholt. In diesen Wochen wird aufgrund der Vereinbarung zwischen Bundeskanzler und Ministerpräsidenten über das Baurecht und die Städtebauförderung verhandelt.

In der Praxis bedeutet dies die Umkehr der Politik, die 1969 unter der großen Koalition zur Einfügung der Art. 91a und 104a in das Grundgesetz geführt und damit eine weitere wichtige direkte Finanzverbindung zwischen Bund und Gemeinden geschaffen hat. Für die damalige Regelung gab es eine Reihe guter Gründe, wie gerade der jetzige Anwendungsfall beweist. Ob der jetzt vorgesehene Rückschritt ein Fortschritt ist, muß man bezweifeln.

Was das Baurecht selbst anbelangt, ist die Wahrung der Rechts- und Wirtschaftseinheit der Bundesrepublik unbedingt erforderlich. Man kann doch nicht Europa bauen, größere Märkte schaffen mit gleichen Rechten und gleichen Bedingungen und gleichzeitig ausgerechnet das Baurecht aufsplittern!

Die Teilung der staatlichen Ebene in Bund und Länder verspüren die Städte besonders in der Finanzpolitik. Der Bund ist für die Gemeindesteuern und damit für die kommunale Finanzautonomie zuständig, die Länder sind für den innerstaatlichen Finanzausgleich und damit für eine aufgabengerechte Verteilung verantwortlich. Beide Ebenen zusammen bestimmen den Umfang der kommunalen Finanzmasse.

Die Bundesregierung hat uns dankenswerterweise für diese Legislaturperiode mit der Gewerbesteuergarantie Sicherheit gegeben und für die nächste Periode wenigstens das Versprechen, daß nichts ohne uns geschieht. Wir verspüren aber deutlich, wie kommunalfremde Kräfte unter dem Decknamen „Unternehmensbesteuerung" Pläne gegen die Gewerbesteuer schmieden. Meine 25 Jahre Deutscher Städtetag waren ein unablässiger Kampf um die Gewerbesteuer. Daran wird sich nicht viel ändern, wenn nicht ein gewisser Verrat an der Gewerbesteuer in den eigenen Reihen begangen wird! Ich wünsche den deutschen Städten den Mut und die Kraft, mit allen Mitteln um ihre Finanzautonomie zu kämpfen.   (1985)[57]

Renaissance der Stadt

Ich bin in meiner Arbeit für die Städte natürlich auch der Stadtkritik begegnet. Die Stadtkritik hat nicht nur bekannte Zeugen — etwa Wilhelm Heinrich Riehl, Oswald Spengler, Alexander Mitscherlich —, sondern konnte „die Unwirtlichkeit unserer Städte" auch manchenorts belegen. Die FAZ schrieb vor wenigen Wochen (20. April 1985): „Man schaudert vor dem, was, von Le Corbusier bis Scharoun, die großen Männer der Moderne mit den alten Städten Europas vorhatten." Anfang der 70er Jahre sprach man von den „Untaten in Beton".

Mich konnte der Stadtpessimismus dennoch nie überzeugen. Wir haben Probleme über Probleme und immer mehr und schwierigere Aufgaben in den Städten. Wir erleben seit Jahren aber auch, wie sich die Überlebenskraft der Städte verstärkt, wie sich die positiven städtebaulichen Beispiele vermehren. Wolf Jobst Siedler schrieb kürzlich: „Die globale Weltzivilisation, die Singapur, Bagdad und Helsinki einander anglich und auch zu einer regional ununterscheidbaren Architektursprache geführt hatte, ist brüchig geworden, und überall kommen die alten Strukturen zum Vorschein."

Wir erleben in der Tat eine Trendwende zum Guten, wir leben in einer Renaissance der Stadt.

Ich erinnere an Alexander Rüstow, der Anfang der 50er Jahre, als diese positive Entwicklung der Stadt keineswegs selbstverständliche Erwartung sein konnte, schon gesagt hat: „Die Stadt ist das typische Produktionszentrum aller Hochkulturen. Alle Hochkultur ist Stadtkultur.

In unseren Tagen erleben wir einen schönen Beweis für diese Wertung. Eine Welle von Museumsbauten geht durch unsere Städte. Schöne, berühmte und gerühmte Häuser entstehen, auch hier in Berlin. Das Schönste an diesen modernen Tempeln der Kunst ist aber, daß sie nicht nur die städtebauliche Attraktivität der Städte erhöhen, sondern daß die Bürger sie annehmen. Die Zahl der Museumsbesucher hat sich seit 1972 von 17,4 Millionen auf 40,7 Millionen mehr als verdoppelt. Zum Vergleich: Die von den Medien verwöhnte und in mancher Beziehung sehr anspruchsvolle Fußballbundesliga wurde 1983/84 von 6,3 Millionen, also nur von knapp einem Sechstel der Zahl der Museumsgäste besucht, und die Tendenz ist fallend.

Dies ist einer von vielen Beweisen, daß in immer mehr Städten sich der Wandel von der problembelasteten Stadt zur urbanen Heimat der Bürger vollzieht. Ich bin dankbar, daß ich bei diesem Wandel dabeisein, daß ich die Renaissance der Stadt erleben kann.

Dem Deutschen Städtetag und den deutschen Städten wünsche ich, was auf unserem Emblem, dem ehrwürdigen Lübecker Holstentor, geschrieben steht: Concordia Domi — Foris Pax; Eintracht im Heim — Frieden in der Gemeinde. (1985)[58]

Eine Herausforderung unserer Städte:
der Umweltschutz

Der Begriff „Umwelt", wie er heute verstanden wird, ist komplexer Art. Ihm ist eine ganzheitliche, ökologische Betrachtungsweise implizit; inhaltlich umfaßt die „Umwelt" die einzelnen Elemente des Naturhaushaltes (Landschaftsfaktoren wie Boden, Luft, Wasser usw. sowie die Tier- und Pflanzenwelt), die Bestandteile der sozialen Umwelt (Familie, Betriebsgemeinschaften, Vereine usw.) und der technischen Umwelt (bebaute Umwelt im weiteren Sinne, z.B. Wohngebäude, Fabriken, Straßen und Computer).

Was ist da innerhalb von wenigen Jahren herangewachsen? Wie sind das Problem und diese Aufgabe entstanden?

Ganz offensichtlich liegen Versäumnisse vor, und wir müssen alle eingestehen, unsere ganze Gesellschaft muß bekennen, daß wir in der Beherrschung der Folgen der wissenschaftlich-technischen Revolution in die Defensive geraten sind. Industrialisierung, Motorisierung, explosionsartige Ausweitung der naturwissenschaftlichen Erkenntnisse: alles vollzog sich sprunghaft und schlagartig und meist unkoordiniert. Der Triumph der Technik hatte seinen Preis. Es soll keine Entschuldigung sein, sondern nur eine Erklärung: Das Alltagsleben der Menschen hat sich in den letzten beiden Generationen stärker gewandelt als in den vorausgegangenen 2000 Jahren. Man muß sich die ungeheure Tragweite dieses Vorganges bewußt machen! Ist es ein Wunder, daß der Überblick verlorengegangen ist, daß die Geisteswissenschaften gegenüber den Naturwissenschaften zurückgeblieben sind, daß das Zusammenwirken der Entwicklungen und Dinge gelitten hat?

Die 1972 erschienene Club of Rome-Studie „Grenzen des Wachstums" und die beiden Ölschocks der 70er Jahre waren für die technikgläubige Welt Alarmzeichen und machten Versäumnisse bewußt. Diese Versäumnisse sind erklärbar durch das explosionsartige Wachstum der Bevölkerung und durch das Voranstürmen der Naturwissenschaften, aber es sind Versäumnisse von Jahrzehnten, die jetzt nicht in wenigen Jahren ausgeglichen werden können.

Der Beginn der staatlichen Umweltschutzpolitik wird mit dem Erscheinen des Umweltprogramms der Bundesregierung von 1971 datiert; sie existiert damit erst 15 Jahre, und das Umweltbundesamt hat, wie ich vorher schon erwähnte, im Herbst des vergangenen Jahres erst sein zehnjähriges Jubiläum gefeiert.

Lange bevor Ernst Forsthoff den Begriff der Daseinsvorsorge entwickelte, war die kommunale Ver- und Entsorgungswirtschaft entstanden. Mit der Erneuerung und Belebung der städtischen Selbstverwaltung zu Beginn des vorigen Jahrhunderts durch die Stein'sche Städteordnung von 1808 setzte eine gegenseitige Befruchtung von Industrialisierung und Städtetechnik ein.

Aufgaben, die mit dem Umweltschutz in engem Zusammenhang stehen, waren also bereits im vorigen Jahrhundert von den Städten aufgegriffen worden.

Anfang der 70er Jahre hat der Deutsche Städtetag die Umweltschutzproblematik moderner Fassung in seinen Aufgabenbereich Stadtentwicklung eingebaut. Seit Mitte der 70er Jahre werden von einer größeren Anzahl von Städten einmalig oder periodisch fortgeschriebene Umweltschutzberichte, Umweltprogramme, Umweltatlanten u.ä. veröffentlicht. Diese, wie das Deutsche Institut für Urbanistik formuliert, „Berichte der 1. Generation" zeigen in der Heterogenität ihres Aufbaus, der Datengrundlagen, der Aussageninhalte und im Konkretisierungsgrad die Unterschiedlichkeit der Probleme auf kommunaler Ebene sehr deutlich. In den letzten Jahren sind aber in einer Reihe von Städten Versuche und Ansätze bekanntgeworden, Umweltschutzfragestellungen in umfassenden ökologisch-ökonomischen (Wirkungs-)Zusammenhängen zu betrachten, Umweltschutzaufgaben in die Stadtentwicklungsplanung einzubinden und in bestehende Planungs-, Prüf- und Genehmigungsverfahren zu integrieren.

Um den kommunalen Anspruch auf maßgebliche Mitwirkung beim Umweltschutz nicht nur theoretisch, sondern auch praktisch deutlich zu machen, will ich einige Handlungsfelder städtischer Umweltpolitik skizzieren.

1. In erster Linie handelt es sich um die wichtige Frage des Verbrauchs von Flächen für die Besiedlung und die Ausbeutung der Landschaft. Der Anteil der besiedelten Fläche an der Gesamtfläche der Bundesrepublik hat sich in den vergangenen 30 Jahren von 7,5 auf 11,5% erhöht. Hinsichtlich der Besiedlung schneidet unter den Bedingungen der Industriegesellschaft die städtische Siedlungsform aber gut ab. Entscheidend sind kurze Wege zum Wohnen;

Arbeiten, zur Bildung und Ausbildung, Versorgung, Erholung, Teilnahme am kulturellen, sozialen und politischen Leben. Die Stadt bietet die besten Möglichkeiten zum Einatz umweltfreundlicher Techniken, wie z.b. der leitungsgebundenen Wärme- und Energieversorgung und eines spurgebundenen Nahverkehrs. Wer in der Stadt wohnt, zersiedelt die Landschaft nicht.

2. Aber in den Städten massieren sich auch die Umweltprobleme, z.b.

— Versiegelung, Verdichtung und Entgrünung führen zu wichtigen ökologischen Aufgaben der Städte,

— Umweltschäden an Bauten und Denkmälern erfordern drastische Immissionsminderungen und denkmalpflegerische Begleitmaßnahmen,

— Schadstoff- und Lärmbelastung durch Kraftfahrzeuge tangieren die Verkehrsplanung und -beruhigung der Städte,

— Immissionsbelastungen in den Gemengelagen von Wohnen und Arbeiten: städtischer Umweltschutz heißt hier Standortsicherung durch Immissionsabbau.

3. Derzeit beträgt das Abfallvolumen 74 Kilogramm pro Kopf jedes Bundesbürgers; das sind 200 Millionen Tonnen pro Jahr mit zunehmender Tendenz auch neuartiger Schadstoffbelastungen im Abfall. Dazu gehören rund 25 Millionen Kubikmeter kommunale Klärschlamme.

4. Der Wasserverbrauch mit durchschnittlich 150 Litern pro Tag und Kopf der Bevölkerung ist ebenfalls zu hoch. Sparsamer Umgang mit Wasser aus Rücksicht auf die ökologische Kreislauffunktion des Wassers im Naturhaushalt, ein ausreichender Grundwasserschutz in den Trinkwassereinzugsgebieten und eine noch weitergehende Abwasserklärung müssen oberste Priorität behalten.

5. Nach Angaben des Bundesministers des Innern haben in letzter Zeit die Länder ca. 30 000 alte Abfallablagerungen ermittelt; kleinere Müllkippen sind dabei nicht einbezogen. Etwa 1000 bis 2000 davon sind im weiteren Sinne als problematisch anzusehen. Nach den Vorstellungen der Bundesregierung soll die abfallrechtliche Überwachung auch auf solche Abfallablagerungen ausgedehnt werden, die vor Inkrafttreten des Abfallbeseitigungsgesetzes im Jahre 1972 erfolgten. Dies sieht der Entwurf der Vierten Novelle zum Abfallbeseitigungsgesetz vor. Die erweiterte Überwachung soll zu einer planmäßigen Erfassung und Bewertung von „Altlasten" führen.

Die Städte erkennen ihre Verantwortung für Altlasten kommunaler Herkunft, z.B. aus öffentlichen Deponien, an. Sie können aber die Bürde der Bereinigung der Altlasten der Industriegesellschaft nicht alleine tragen. Hier ist eine Gemeinschaftsleistung von Wirtschaft und Staat auf allen Ebenen geboten.

6. Die Bundesregierung hat am 6. Februar 1985 eine Bodenschutzkonzeption verabschiedet. Der Schutz des Bodens gehört danach zu den vorrangigen Zielen des Umweltschutzes und wird als Querschnittsaufgabe begriffen. Zugunsten eines verstärkten Bodenschutzes bestehen zwei zentrale Handlungsansätze:

a) die Minimierung von qualitativ oder quantitativ problematischen Stoffeinträgen aus Industrie, Gewerbe, Verkehr, Landwirtschaft und Haushalten;

b) eine Trendwende im „Landverbrauch".

Besonders hervorzuheben ist, daß der Schwerpunkt der Bodenbelastung in den Folgen der land- und forstwirtschaftlichen Nutzung des Bodens besteht. Die städtische Siedlungsform wirkt einer zunehmenden baulichen oder sonstigen Nutzung des Bodens entgegen. Doch auch die Städte müssen ihren Beitrag zum Bodenschutz leisten. Dabei kommt es entscheidend auf die Qualität ihrer Planungen und Baumaßnahmen an.

Diese Beispiele von kommunalen Aufgabenfeldern im Umweltschutz zeigen den sachlichen Zusammenhang von ureigenen Gemeindeaufgaben und modernen Umweltvorsorgeerfordernissen. Um den kommunalen Anspruch auf sachliche Mitwirkung bei dieser entscheidenden Zukunftsaufgabe zu verwirklichen, brauchen die Städte und Gemeinden stadtentwicklungspolitische Handlungskonzeptionen, die Ökologie und Ökonomie versöhnen. Entscheidend wird für die Städte werden, ob es ihnen gelingt, den Aufgabenvollzug effizient auszugestalten und unter Wahrnehmung ihrer Organisations-, Planungs- und Personalhoheit die Überzeugung unterfüttern können, daß der kommunale Umweltschutz von ihnen leistungsfähig und sachgerecht durchgeführt wird.

Der Umweltschutz erschöpft sich gewiß nicht in den kommunalen Aufgabenfeldern. Es gibt Umweltaufgaben, die vernünftigerweise landesweit, ja nur kontinental gelöst werden können. Der Schutz unserer Umwelt ist eine Aufgabe, bei deren Bewältigung alle Ebenen, alle Bereiche gefordert sind. (1985)[59]

Bevölkerungsvorausschätzung und Stadtentwicklung

Einige von Ihnen werden sich vielleicht noch an einen Bericht erinnern, den ich diesem Kreis im Dezember 1974 — also vor gut 11 Jahren — gegeben habe. Wir befanden uns damals an einer Wendemarke der Bevölkerungsentwicklung unserer Städte, die später auch für die gesamte Bundesrepublik wirksam wurde. Erstmals seit dem Krieg stieg die Zahl der Einwohner nicht mehr weiter an.

Jetzt liegen die Daten der von der Bundesregierung eingesetzten „Arbeitsgruppe Bevölkerungsfragen" vor, und diese Prognosen bzw. Projektionen sind für die Stadtentwicklung und für die Stadtpolitik von größter Bedeutung.

1. Bevölkerungszahl seit 1974 rückläufig

1973 war der Höhepunkt. Bis dahin stieg seit Beginn der 60er Jahre die Gesamtbevölkerung auf 62,1 Millionen an. Danach sank sie bis 1985 auf 61,1 Millionen ab. Der Rückgang der Wohnbevölkerung wäre noch krasser ausgefallen, wenn sich nicht durch den Zuzug von Ausländern bis zum Jahre 1982 ein gewisser Ausgleich ergeben hätte. Inzwischen sinkt auch die Zahl der ausländischen Mitbürger seit 4 Jahren ab.

Bis zum Jahre 2000 wird ein weiterer Bevölkerungsrückgang um etwa eine Million Einwohner erwartet, so daß sich dann ein Stand von ca. 60 Millionen ergeben wird.

Das ist alles noch nicht gravierend. Aber nach der Jahrtausendwende ist — wenn das generative Verhalten nach wie vor unverändert bleibt — ein verstärkter Bevölkerungsrückgang zu erwarten. Die Projektion ergibt für das Jahr 2030 eine Gesamtbevölkerung von 48,4 Millionen, das sind 20%, also ein Fünftel weniger als zur Zeit. Die Zahl der Deutschen wird bei etwa 43 Millionen liegen, eine Zahl, die etwa der Bevölkerung von 1939 auf dem Gebiet der Bundesrepublik entspricht.

2. Bundesrepublik weist niedrigste Geburtenrate auf

In keinem anderen Land fiel die Fruchtbarkeit so stark wie in der

163

Bundesrepublik. Derzeit werden pro Jahr etwa 580 000 Kinder geboren. Das sind 265 000 zu wenig, um den Bevölkerungsstand konstant zu halten.

Als Meßziffer für die Fähigkeit der Bevölkerung, sich in ihrem Bestand zu erhalten, werden sog. Nettoreproduktionsraten errechnet. Die Nettoreproduktionsrate — ein unsympathischer, leider aber von der Wissenschaft gebrauchter Begriff — ist eine Meßziffer, die angibt, in welchem Umfang eine Frauengeneration durch die von diesen Frauen geborenen Mädchen ersetzt wird. Ist diese Rate = 1, so bleibt bei unveränderten Geburts- und Sterblichkeitsverhältnissen die Einwohnerzahl konstant.

1985 lag die Nettoreproduktionsrate in der Bundesrepublik bei 0,6. Das bedeutet, daß die Frauengeneration von 15—45 Jahren derzeit nur zu 60% ersetzt wird. Vor 20 Jahren hatten wir einen fast doppelt so hohen Wert. Seit damals — also mit Auswirkung des sog. „Pillenknicks" — sank diese Meßziffer zunächst stärker, dann in abgeschwächter Form bis 1979. Lediglich im Jahre 1980 stieg sie noch einmal leicht an.

Im Vergleich zu den übrigen europäischen Staaten weist die Bundesrepublik seit Beginn der 70er Jahre die niedrigsten Raten aus. Auf EG-Ebene haben wir derzeit eine Rate von annähernd 1,0.

Die Nettoreproduktionsrate unterscheidet sich regional innerhalb der Bundesrepublik beträchtlich. So liegt sie bei Frauen in den Landkreisen etwa ein Drittel höher als in den kreisfreien Städten.

Auch die Ausländer haben eine höhere Nettoreproduktionsrate. Selbst wenn man davon ausgeht, daß kein weiterer Zustrom von Ausländern in die Bundesrepublik in den nächsten Jahren stattfindet, wird sich die Zahl und der Anteil der Ausländer erhöhen. Das liegt an der altersmäßigen Zusammensetzung der Ausländer und an der Tatsache, daß ausländische Frauen derzeit etwa ein Drittel mehr Kinder bekommen als vergleichbare deutsche. Es kann jedoch auch hier eindeutig eine Assimilierung festgestellt werden.

3. Die Folgen

Die Bundesrepublik hat in Europa die niedrigsten Raten. Das bedeutet, daß auch die Folgen dieser Bevölkerungsentwicklung sich bei uns am schnellsten zeigen werden. In der Altersstruktur ist die gravierendste aller demographischen Veränderungen zu erwarten.

Ursachen sind einmal das Sinken der Geburtenrate und zum anderen der Anstieg der Lebenserwartung. Der Anteil junger Menschen unter 20 Jahren wird sich nach den vorliegenden Modellrechnungen von gegenwärtig 24% im Jahre 2030 auf 15% vermindern. Andererseits wird der Anteil der Menschen, die 60 Jahre und älter sind, von jetzt 20% auf etwa 38% ansteigen.

Gegenwärtig stehen 100 Personen im Alter von 20 bis 60 Jahren, also der erwerbsfähigen Gruppe, 77 Einwohnern gegenüber, die jünger als 20 Jahre und älter als 60 Jahre sind. Dieses Verhältnis sinkt zwar bis 1990 auf etwa 70, doch wird bereits in der Gruppe der Jungen und Alten eine Verschiebung von Jung und Alt stattfinden. Ab 1995 zeigen sich dann die Folgen: Der Anteil der erwerbstätigen Bevölkerung zwischen 20 und 60 Jahren sinkt kräftig. 2020 stehen 100 Erwerbsfähigen bereits 86 Junge und Alte gegenüber und 2030 gibt es mehr Junge und Alte als Erwerbsfähige, nämlich 113:100.

Dadurch ergibt sich eine dramatische Entwicklung bei den Renten. Zunächst eine positive Komponente. Zur Zeit drängen die geburtenstarken Jahrgänge auf den Ausbildungsmarkt und später auf den Arbeitsmarkt. Jedoch bereits bis zum Jahre 1990 wird die Zahl der 16- bis 24jährigen im Vergleich zu 1980 um eine Million auf 7,1 Millionen absinken. Im Jahre 2000 wird diese Altersgruppe nur noch einen Umfang von etwa 4,5 Millionen haben, und 2030 werden es nur noch 3,1 Millionen sein. Die Auszubildenden werden zunehmend umworben werden!

Inwieweit sich nach der Jahrtausendwende das Problem „Arbeitslosigkeit" in einen „Arbeitskräftemangel" umwandeln wird, ist umstritten. Sicher ist, daß der Bevölkerungsrückgang die Arbeitslosigkeit reduziert. Die Diskussion um Arbeitszeitverkürzungen wird dann u.U. mit anderen Vorzeichen geführt werden müssen.

Damit sind wir schon bei den Belastungen, die auf die Erwerbsfähigen zukommen, weil sie zum einen durch ihre Beiträge die Renten finanzieren müssen und gleichzeitig für die Kinder (in Ausbildung Stehenden) zu sorgen haben.

Bis zur Jahrtausendwende steht die Altersstruktur weitgehend fest, denn alle, die dann im erwerbsfähigen oder im Rentenalter sind, leben bereits. Für 2035 muß in Modellen gerechnet werden. Zwar weilen schon alle, die bis 2035 Altersrentner werden wollen, bereits unter uns; jedoch ist die Zahl der zu erwartenden Kinder und damit der Finanziers der Renten noch ungewiß.

Zahlenmäßig sieht das so aus: 1980 hatten 100 Personen im erwerbsfähigen Alter 50 Jugendliche und etwa 35 ältere Menschen zu „versorgen". Zusammen ergibt sich ein sog. „Gesamtlastquotient" von 85. Er sinkt zwar bis 1990 auf etwa 70, wird dann jedoch progressiv über einen Wert von 79 im Jahre 2000 auf 113 im Jahre 2030 ansteigen.

Um es noch einmal deutlich zu machen: Es gibt mehr zu Versorgende als Erwerbsfähige!

Die in der Diskussion befindlichen Lösungsmöglichkeiten will ich nur andeuten:

— Bei unverändertem Rentenrecht müßte der Beitragssatz für die Erwerbstätigen von derzeit 19,2% auf erheblich über 30% im Jahre 2035 ansteigen. Also: Änderung des Rentenrechts?

— Verbesserung der Altersstruktur der deutschen Bevölkerung.

— Verlängerung der Lebensarbeitszeit.

Wir werden dann wohl auch jeden Roboter dankbar begrüßen, der neben der kleiner gewordenen Zahl von Erwerbstätigen dafür sorgt, daß wir der Jugend eine gute Ausbildung und den Alten einen lebenswerten Lebensabend gewähren können.

Bei diesen Auspizien wage ich es kaum noch, zur Entwicklung der Arbeitszeit und der Freizeit etwas zu sagen. Vorweg darf ich feststellen: Die Freizeit wird gerade für die Kommunen und insbesondere für die Städte als kulturelle Zentren eine große und wichtige Aufgabe bleiben, und sie wird sich noch erheblich verstärken. Die gegenwärtigen Zahlen deuten in diese Richtung. In den vergangenen 10 Jahren hat sich die geleistete Arbeitszeit je Industriearbeiter um etwa 10% vermindert. Gegenüber 1950 wird derzeit jährlich sogar ein Viertel weniger Zeit am Arbeitsplatz zugebracht.

Ob allerdings die Visionen einer Freizeitgesellschaft real werden können, wonach spätestens zur Jahrhundertwende die Wochenarbeitszeit bei 25 Stunden liegen wird, das sog. Rentenalter auf das 50. Lebensjahr vorverlegt sein dürfte, bei Frauen sogar um weitere 5 Jahre, muß ich mit einem großen Fragezeichen versehen.

Schön wäre es, allerdings: Alle Daten stehen dagegen.   (1986)[60]

STÄDTE UND SPARKASSEN

Der Kapitalmarkt und die Gemeinden

Einige Presseüberschriften vom 29. Juli 1965:

„Kommunen schuld", „Übermäßige Nachfrage der Kommunen hat Eingreifen der Regierung notwendig gemacht", „Der Staat lebt über seine Verhältnisse", „Der Zinstreiberei der Kommunen muß ein Riegel vorgeschoben werden", „Prügelknabe". Ebenso plötzlich, wie die Pressekampagne am 29. Juli begann, wich sie am 6. August wieder einer sachlichen Diskussion. Was war geschehen?

Das Bundeskabinett hatte sich am 28. Juli mit der Lage des Kapitalmarktes beschäftigt, einen Emissionsstopp für Inhaberschuldverschreibungen beschlossen und die wichtigsten Kapitalnachfrager der öffentlichen Hand (Bund, Bundessondervermögen, Länder und Kommunen) für den 5. August zu einer großen Besprechung geladen. In dieser Besprechung wurde die Sache mit den Kommunalobligationen richtiggestellt und fanden die Kommunen, wie die „Frankfurter Allgemeine" am 6. August schrieb, in gewisser Weise eine Rehabilitierung. Außerdem schuf man eine ständige Konferenz der öffentlichen Kapitalnachfrager und lud diese erstmals für den 24. August ein. Der Emissionsstopp blieb vorerst bestehen.

Die Welle der Kritik an den Gemeinden war heftig, aber es fehlten erfreulicherweise nicht Stimmen der Besonnenheit und Objektivität. Das „Handelsblatt" vom 29. Juli fragte z.B.: „Sind die Gemeinden mit ihrer ‚disziplinlosen' Kapitalnachfrage an der jüngsten Rentenmarktmisere schuld?", und antwortete dann: „,Schwimmopern', Rathäusergiganten, gewiß, sie erregen, zu Recht Anstoß; aber Stromversorgung, Abwässeranlagen, städtische Verkehrswege, Krankenhäuser, Schulen, Projekte also, die hinter dem allergrößten Teil der kommunalen Finanzierungswünsche stehen, sind das nicht hochproduktive, im Nachkriegswiederaufbau sträflich vernachlässigte Investitionen? Liegt die Krux unserer überforderten öffentlichen Finanzpolitik nicht anderswo?"

Verständlicherweise löste die Welle der Kritik in den Städten einige Unruhe aus. Immerhin stand die Öffentlichkeit in jenen Tagen noch unter dem Eindruck der Juni-Ausgabenflut des Bundestages, und die Städte im besonderen standen im Banne des soeben ergangenen Urteils des Bundesverfassungsgerichts über die Gewerbezweigstellensteuer. Viele Millionen DM flossen als Rückzahlungen aus den Kassen der Städte und verursachten akute Zahlungsschwierigkeiten. Die Gemeinden mußten die Angriffe jener Tage auch deshalb als merkwürdig empfinden, weil es doch nicht so ist, als ob sie sich nach hohen Zinsen drängten und geradezu mit Lust verschuldeten. Es ist doch so, daß die Gemeinden und wir es waren, die seit vielen Jahren auf die hohe kommunale Verschuldung und die darin liegenden Gefahren aufmerksam gemacht haben, und daß seitens der Kommunen und kommunalen Spitzenverbände jetzt schon jahrelang vergeblich die Maßnahmen gefordert werden, die eine Entlastung des Kapitalmarktes erlauben   (1965)[61]

Wir sind die Größten (Schuldner)!

Wenn man als Kommunalpolitiker über Kapitalmarkt, Kreditfinanzierung und Verschuldung spricht, könnte man leicht dem Cassius-Clay-Komplex erliegen: Wir sind die Größten! Nämlich die größten Schuldner oder, vornehmer ausgedrückt: Die Gemeinden sind die besten Kunden am Kapitalmarkt.

Von welcher Seite — Geldgeber- oder Geldnehmerseite — man die Sache auch betrachtet, eines steht fest: Die Beziehungen zwischen den Gemeinden und dem Kapitalmarkt verdienen eine genaue Beobachtung und Prüfung. Die Gemeinden treten zwar nicht spektakulär mit großen Anleihetranchen wie Bund, die Bundessondervermögen oder einige Länder auf dem Kapitalmarkt auf, sondern auf dem viel leiseren Weg der weit verteilten Kommunaldarlehen; dennoch ist das Gewicht der kommunalen Inanspruchnahme des Kapitalmarktes so groß, daß das Gleichgewicht der Kreditwirtschaft einerseits und der kommunalen Finanzwirtschaft andererseits ständig etwas bedroht ist. Schon einmal, nämlich in der Weltwirtschaftskrise zu Beginn der 30er Jahre, führte die kommunale Verschuldung zum Eklat und wurden viele Gemeinden zum Schrecken der Banken. 1965 wurden die Gemeinden — meines Erachtens sehr zu Unrecht — unmittelbar mit der damaligen Kapitalmarktkrise in Verbindung gebracht. Neuerdings wird wieder sehr viel über die kommunale Kreditfinanzierung gesprochen. Es sind noch keine vier Wochen her, da mußten wir der Öffentlichkeit mitteilen, daß die kommunale Verschuldung 1971 einen Rekordsprung nach oben gemacht hat. Netto 6,8 Milliarden DM wurden im abgelaufenen Jahr von den Gemeinden aufgenommen, ein beängstigender Betrag, der vorher noch in keinem Jahr erreicht worden war. Kein Wunder, daß im Zusammenhang damit die sogenannte Pleite der Städte durch die Schlagzeilen der deutschen Presse geisterte. Ich danke jedenfalls dem Institut für Kapitalmarktforschung, daß es auch die kommunale Komponente des Kapitalmarktes in ihr diesjähriges Kolloquium einbezogen hat. Wie die jüngsten Daten und Entwicklungen zeigen, hat das Institut damit eine sehr aktuelle Problematik aufgegriffen.

Manche Erscheinung auf dem Kapitalmarkt und besonders auch bei der Kreditfinanzierung der Gemeinden in den letzten Jahren ist auf die Geldwertverschlechterung zurückzuführen. Jedenfalls verursachen inflationistische Tendenzen stets eine Aufblähung des Kreditbedarfs. Dies verleitet manchen, wie etwa im vergangenen Jahr einen bekannten Wirtschaftspolitiker des Bundestages, zu der These, Vater Staat sei der Hauptnutznießer der Inflation. Wenn es überhaupt einen Nutznießer einer Inflation gibt, dann sind es ganz bestimmt nicht die Gemeinden. Vielleicht könnte man bei den Gemeinden auf den Gedanken kommen, weil sich ein Schuldenberg von über 50 Milliarden DM leichter mit schlechtem Geld abtragen läßt. Aber selbst in dieser Beziehung trifft die Parallele zu etwaigen sonstigen wirtschaftlichen Überlegungen nicht zu, weil zumindest bei den Gemeinden der Geldentwertung keine steigenden Erträge gegenüberstehen. Für uns gilt, was die Bundesbank in ihrem Jahresbericht 1970 feststellte, nämlich, daß die Inflation dem Staat auf der Aufgabenseite mehr Verluste bringt als auf der Einnahmeseite Gewinne.

Für die Städte und Gemeinden läßt sich das sehr leicht beweisen.

Im Zeitraum 1961 bis 1970

— haben die Steuereinnahmen durchschnittlich um 6,4% zugenommen,

— betrug der Anstieg für die Personalkosten durchschnittlich aber 13,7%, also mehr als das Doppelte.

Ein anderes Beispiel:

Im Jahre 1971 betrugen die kommunalen Sachinvestitionen rd. 24 Milliarden DM. Im gleichen Zeitraum hatte sich der amtliche Baupreisindex um 10,4 erhöht. Das bedeutet, daß in den Gemeinden 2,4 Milliarden DM bereitgestellt werden mußten, hinter denen kein realer Zuwachs stand. Da zusätzliche laufende Einnahmen hierfür nicht eingesetzt werden konnten, bedeutete das für die Gemeinden eine entsprechende Erhöhung des zunächst veranschlagten Kreditbedarfs. Soll ein Investitionsstopp daher verhindert werden, so sind die Gemeinden gezwungen, eine inflationäre Aufblähung durch stärkere Fremdmittelaufnahme auszugleichen. Trotzdem wird real kaum eine Erhöhung des erstellten Infrastrukturvolumens erzielt. Die gemeindliche Finanzwirtschaft gehört daher zu den Hauptbetroffenen der Geldwertverschlechterung. (1972)[62]

Auf der Suche nach dem öffentlichen Auftrag der Sparkassen

Kürzlich sagte mir ein angesehener Sparkassenmann, er suche ständig nach dem öffentlichen Auftrag, er könne ihn aber beim besten Willen nicht finden. Ich schlage vor, wir tun jetzt ein paar Minuten so, als ob es den öffentlichen Auftrag wirklich nicht gäbe. Was wäre dann?

Es müßte dann eigentlich folgender Ereignisablauf eintreten:

1. Da die Städte, Gemeinden und Kreise wohl öffentliche Sparkassen, d.h. Kreditinstitute mit öffentlichem Auftrag und besonderer gesetzlicher Regelung, jedoch nicht Bankunternehmen errichten und betreiben können, müßten sie mit größtem Bedauern feststellen, daß sie sich von ihren Sparkassen trennen müssen.

2. Die Landesgesetzgeber müßten zu der Folgerung kommen, daß ihrer Sparkassengesetzgebung der Boden entzogen ist. Die Sparkassengesetze wären aufzuheben.

3. Der Bundesgesetzgeber hätte feststellen müssen, daß § 40 des Kreditwesengesetzes, der die öffentlich-rechtlichen Sparkassen besonders schützt und sichert, sowie verschiedene andere bundesgesetzliche Regelungen, obsolet und deshalb zu beseitigen sind.

4. Die Sparkassen würden von § 40 nach § 39 Kreditwesengesetz wandern, den Namen Sparkassen ablegen und die Bezeichnung Bank und Bankier erringen. Sie wären, von den allgemeinen kreditwirtschaftlichen Verpflichtungen abgesehen, frei von jeglicher kommunaler, regionaler und staatlicher Bindung, frei von Gewährträgerhaftung, Gemeinnützigkeit, Mündelsicherheit usw. Sie wären freie Kreditinstitute auf dem freien Kapitalmarkt. Es würde eine Filialisierung und Zentralisierung eintreten, oder sie würden als selbständige Institute blühen, wachsen und gedeihen oder untergehen. Alle Möglichkeiten, die die Freiheit bietet, wären gegeben.

Wenn die Dinge so weit gediehen wären, würde Ernüchterung einkehren. Es würden sicher die Kommunen, wohl auch die Länder und wahrscheinlich sogar der Bund feststellen, daß es doch eigentlich sehr schade und mißlich ist, keine Sparkassen mit öffentlichem

Auftrag mehr zu haben. Man käme zu der Erkenntnis, daß kommunale Sparkassen im ausgehenden 20. Jahrhundert noch notwendiger sind, als sie bereits im 19. Jahrhundert waren. Deshalb muß ich dem fiktiven Ereignisablauf noch eine fünfte Phase anfügen.

5. Die kommunalen Körperschaften und ihre Spitzenverbände kämen sehr bald zu dem Entschluß, neue Sparkassen zu gründen. Sie schritten, dank auch der Mithilfe verschiedener Heimkehrer, zwar mit Schwierigkeiten, jedoch zügig zur Tat, und in absehbarer Zeit wäre eine bewährte und renommierte Institution wieder belebt.

Dieser fiktive Ereignisablauf ist ein reines Gedankenspiel. Jenen, die über eine solche Entwicklung bestürzt wären, zum Trost, muß ich hinzufügen, daß ein solcher Ereignisablauf in der Wirklichkeit durch eine Reihe von gesetzlichen Bestimmungen behindert und letztlich sogar verfassungsrechtlich blockiert wäre. Ernsthaft könnte eine solche Entwicklung nur von den Kommunen selbst angestoßen werden, nämlich dann, wenn sie ihre Sparkassen loswerden wollten. Davon kann aber keine Rede sein. Im Gegenteil, wir kämpfen an der Seite der Sparkassen, z.B. für einen angemessenen steuerrechtlichen Ausgleich der ihnen auferlegten Bindungen. (1973)[63]

Städte und Sparkassen

Der Deutsche Sparkassen- und Giroverband feiert sein 100jähriges Bestehen. Mit berechtigtem Stolz kann er auf eine Entwicklung zurückblicken, die ihm schon verhältnismäßig bald nach dem Entstehen der ersten Sparkassen die organisatorische Zusammenfassung auf deutscher Ebene möglich machte. (Der Deutsche Städtetag z.B. kann erst eine 80jährige Existenz vorweisen, obwohl die Städte Jahrhunderte älter sind.) Die Sparkassen sind jung und dynamisch, und sie sind vor allem bereit, viel Kraft, auch finanzielle, in ihre Organisation zu investieren.

Obwohl einige und sogar recht ansehnliche „freie" Sparkassen existieren, dominiert in Deutschland die kommunale Sparkasse. Die gemeinsame Geschichte von Städten und Sparkassen begann 1801 mit der vom Bürgermeister und vom Rat der Stadt Göttingen gegründeten „Spar- und Leihkasse". An der Wende vom 18. zum 19. Jahrhundert bahnten sich in Politik und Witschaft große Umwälzungen an. In England hatte Adam Smith 1776 mit seiner liberalistischen Volkswirtschaftslehre die industrielle Revolution begründet, in Frankreich kam es 1789 zur politischen Revolution. In Deutschland führte die Politik 1806 zum Ende des Heiligen Römischen Reiches Deutscher Nation, in der Wirtschaft setzte mit etwas Verspätung, aber nicht minder heftig als in England, die industrielle Revolution ein.

Das besondere der deutschen Entwicklung war, daß die industrielle Revolution mit einer Freilegung verwaltungsmäßiger und bürgerschaftlicher Kräfte gekoppelt wurde. Man beschränkte sich damals nicht auf die Wirtschaftsbelebung. Vielmehr wurden durch die Steinsche Städteordnung von 1808 die Verwaltung vor Ort und die Bürger durch die Gewährung von Selbstverwaltung und mehr Freiheit in den wirtschaftlichen und damit auch staatlichen Aufschwung eingebaut. Steins Belebung des — wie er in seiner „Nassauer Denkschrift" von 1806 formulierte — „Gemein-Geistes und Bürgersinnes" hat Kräfte freigelegt, die zur Blüte der Städte und zum Aufschwung des ganzen Landes führten. Es bestätigte sich, was schon das Mittelalter gezeigt hatte und was weitsichtige Fürsten konsequent und unbefangen für sich nutzten: Städte, die sich frei entfalten können, werden zum Motor der Wirtschaft und zu den Triebkräften für die Entwicklung des Landes.

1839 gab es in Preußen bereits 85 und 1850 gar schon 234 kommunale Sparkassen. Die Sparkassen entstanden und bewährten sich als kreditwirtschaftliche Begleiter der Industrialisierung und vor allem der hierfür notwendigen kommunalen Versorgungswirtschaft und der kommunalen Infrastruktur. Der gewaltige wirtschaftliche und industrielle Umbruch im 19. Jahrhundert wäre ohne die Dynamik der Städte und der kreditwirtschaftlichen Unterstützung durch ihre Sparkassen nicht möglich gewesen. In unserem Jahrhundert sind Städte und Sparkassen nicht weniger gefordert worden. Die historische Wiederaufbauleistung der kriegszerstörten Städte läßt sich ohne ein kommunal orientiertes Sparkassensystem kaum vorstellen.

Städte und Sparkassen stellen eine Symbiose dar. Bekanntlich versteht man unter einer Symbiose das Zusammenleben von Lebewesen verschiedener Art zu gegenseitigem Nutzen. Dieses Zusammenleben ist nicht immer einfach. Den kommunalen Gewährträgern fällt es manchmal schwer, anzuerkennen, daß es sich nicht um eine Einheit, sondern um zwei Lebewesen handelt, noch dazu von verschiedener Art. Die Sparkassen stöhnen gelegentlich über den Zwang zum Zusammenleben, neigen dazu, die kommunalen Bindungen als lästig zu empfinden, jedoch die Vorteile zu genießen.

Beide Seiten sollten sich hin und wieder fragen, was geschehen würde, wenn die Städte ohne Sparkassen und die Sparkassen ohne Städte wären? Solche Gedankenspiele sind nicht nur erlaubt, sie sind manchmal sogar recht heilsam. Es entfiele der öffentliche Auftrag und die Gemeinnützigkeit, es gäbe keine kommunale Bindung, kein Regionalprinzip und keine Gewährträgerhaftung. Auf der anderen Seite hätten die Städte und Kreise auf Kapitalbildung und -bindung im eigenen Raum und auf eine wesentliche Komponente ihrer wirtschaftlichen Betätigung, ja sogar auf einen Kernbereich der Selbstverwaltungsgarantie zu verzichten. Dominieren würde Gewinnmaximierung, und ausgelöst würde ein gewaltiger Konzentrationsprozeß sowie eine Filialisierung ehedem selbständiger Institute. Eine völlige Strukturveränderung der Kreditwirtschaft wäre die Folge. Könnte in einer solchen Landschaft die geldwirtschaftliche Versorgung und Sicherung aller Bevölkerungskreise und aller Gebiete, auch und besonders der strukturschwachen Gebiete, auf Dauer sichergestellt werden? Könnte man noch von der Gemeindeselbstverwaltung deutscher Prägung sprechen?

Gewiß nicht. Deshalb müssen Städte und Sparkassen in der Auseinandersetzung, die wir gerade wieder einmal im Rahmen der Novellierung des Kreditwesengesetzes erlebt haben und die sich schon bald an anderen Fragen erneut entzünden kann, die historische Dimension erkennen, was 184 Jahre kommunale Sparkassen und 100 Jahre Deutscher Sparkassen- und Giroverband für unser Land bedeuten. (1985)[64]

NEUE MEDIEN KOMMUNAL

Die Städte und das Kabel

„Worum geht es bei der Verkabelung?" Das fragte kürzlich eine große deutsche Tageszeitung und gab den Lesern die Antwort: „Wie die Autobahnen das Rückgrat des materiellen Verkehrs sind, stellen die Kommunikationsnetze die Grundlage jeglichen immateriellen Verkehrs dar ... Die Staaten, denen es gelingt, besonders schnell besonders leistungsfähige Kommunikationsnetze zu installieren, werden einen hohen internationalen Wettbewerbsvorteil erreichen." In einer englischen Medienkonferenz sprach man dieser Tage von „The UK electronic highways"; auch im Vereinigten Königreich werden demnach die Kabelnetze als „elektronische Autobahnen" gewertet. Zweifellos steht die Kommunikation vor einer technischen Revolution. Die Verständigung zwischen Menschen, zwischen Gruppen, zwischen Staaten sowie zwischen Menschen und Maschinen wird auf völlig neue technische Grundlagen gestellt und erfährt eine Ausweitung in ihren Formen und Möglichkeiten, die die Lebensverhältnisse der Menschen, die Formen der Gesellschaft und die Bedingungen der Wirtschaft tiefgreifend verändern werden.

In der Bundesrepublik wurde diese Entwicklung mit der „Kommission für den Ausbau des technischen Kommunikationssystems" (KtK) einer breiteren Öffentlichkeit bekannt. Die Kommission war am 2. November 1973 von der Bundesregierung beschlossen worden, hatte Ende 1973 ihre Arbeit begonnen und legte Ende 1975 ihren „Telekommunikationsbericht" vor. Der Deutsche Städtetag hat sich von Anfang an mit den Fragen der Kabelkommunikation befaßt, beginnend mit der Hauptausschußsitzung am 21. November 1975, in der ein Bericht über die Ergebnisse der KtK gegeben wurde, über die Medienfachkonferenz 1981 und das Gutachten von Professor Dr. Peter Lerche 1982 bis zu den jüngsten Präsidiumsberatungen, die nach dem Spitzengespräch mit dem neuen Bundespostminister die Verkabelung der Städte behandelten. In der praktischen Entwicklung ging es zunächst nur langsam voran, zumal der Versuch der Deutschen Bundespost, elf Großstädte voll zu verkabeln, durch Beschluß der Bundesregierung vom 26. September 1979 gestoppt worden war. Wie aus der damaligen Diskussion noch in Erinnerung ist, war vor allem die Auswirkung der zu erwartenden Vergrößerung des Fernsehangebotes auf die Menschen und insbesondere auf die Kinder ein Gegenargument. Die Technik rächte sich auf ihre Weise. Was nicht durch zusätzliche und zu kontrollierende Fernsehkanäle zu den Menschen fand, kam durch eine explosionsartige Entwicklung und Vermehrung der Videorecorder in die Haushalte. 1981 hatte jeder zwanzigste Haushalt, 1982 bereits jeder zehnte Haushalt einen Videorecorder. Wer die Angebotslisten für Videofilme in den Spalten Crime, Sex und Porno liest, dem muß die damalige „Kabelpolitik" fragwürdig erscheinen.

Es wird sich auch bei der Telekommunikation erweisen, daß die Durchsetzungsfähigkeit der technischen Entwicklung nicht unterschätzt werden sollte. Das 1881 in Deutschland eingeführte Telefon wurde ebenfalls bekämpft. Wie der Medienspiegel des Instituts der deutschen Wirtschaft daran erinnert, erschien im Jahre 1881 in Berlin das „Buch der 94 Narren", und das war die Liste der ersten Telefonanschlüsse der Stadt. In Köln begründete die Kaufmannschaft ihr Desinteresse an der neuen Erfindung mit der Feststellung, das Botensystem sei so gut ausgebaut und eine Verbesserung deshalb nicht notwendig! Heute ist das Telefon eine der selbstverständlichsten Einrichtungen. Allerdings sollte man die Geschwindigkeit der technischen Entwicklung auch nicht überschätzen, wie ebenfalls das Telefon zeigt. 1881 wurde es in Deutschland eingeführt, heute haben wir mehr als 22 Millionen Telefonhauptanschlüsse. Aber noch 1960, vor gut zwanzig Jahren, acht Jahrzehnte nach Einführung des Telefons, hatten wir lediglich 3,3 Millionen Hauptanschlüsse. Der große Durchbruch erfolgte erst spät in den 60er und 70er Jahren. Man soll auch nicht vergessen, daß noch zu der Zeit, da die KtK bereits über neueste nachrichtentechnische Entwicklungen beriet, die Bundesrepublik Deutschland im internationalen Vergleich in der Telefondichte an vierzehnter Stelle, im Gebührenvergleich freilich an der Spitze gelegen hatte.   (1983)[65]

Kommunikation mit dem Bürger

Kommunikationsarten und Kommunikationsformen

Schon an anderer Stelle habe ich auf die gebräuchliche Unterscheidung in Individual- und Massenkommunikation verwiesen und gleichzeitig betont, daß sich diese Kommunikationsarten beim Einsatz der verschiedenen Techniken künftig immer weniger unterscheiden. Wenn die erforderliche und kommunikationsfähige technische Infrastruktur sowohl in den Verwaltungen als auch beim Bürger vorhanden sind, bieten sich künftig ganz neue Kommunikationsformen für den Dialog zwischen Bürger und Verwaltung an. Ich nenne insbesondere den Bildschirmtextdienst und das Lokalfernsehen. Wie bereits erwähnt, kann es nicht das erste Ziel der neuen Form zur Bürgerkommunikation sein, die Verwaltungsarbeit zu rationalisieren, sondern dem Bürger zur besseren Identifikation mit seiner Verwaltung neue Dienstleistungen anzubieten. Diese neuen Dienstleistungen werden auch mit völlig neuen Berufsbildern für die Personen, die diese neuen Dienstleistungen handhaben, verbunden sein.

Ziele

Oberstes Ziel der neuen Kommunikationsformen mit dem Bürger muß es sein, beim Bürger eine stärkere Identifizierung mit seiner kommunalen Verwaltung herbeizuführen. Daraus abzuleiten ist die Zielsetzung, dem Bürger solche neuen Kommunikationsmöglichkeiten zu eröffnen, die er tatsächlich wünscht. Hierfür den richtigen Weg zu finden, wird nicht ganz einfach sein. Die Bildschirmtextangebote einiger Städte haben sehr deutlich gezeigt, daß der Bürger oft an ganz anderen Dingen interessiert ist, als sich die Verwaltung dies vorstellt. Den Bürger interessiert im allgemeinen z.B. recht wenig, welcher Beigeordnete für welche Ämter zuständig ist oder welche Tagesordnungen in den verschiedenen Ratsausschüssen behandelt werden. Auf der anderen Seite hat der Bürger aber wiederum kein Verständnis dafür, wenn ihm z.B. bei kulturellen und Freizeitangeboten nur solche Veranstaltungen angezeigt werden, die in städtischer Trägerschaft stattfinden. Der Bürger will offensichtlich wissen, was innerhalb der Stadt los ist, und nicht nur, was von der Stadt als Träger veranstaltet wird!

Ähnliche Überlegungen werden auch für ein mögliches Lokalfernsehen gelten müssen. Obwohl hier noch keine einschlägigen Erfahrungen vorliegen, wird man schon jetzt davor warnen müssen, mit diesem Medium eine zu große Selbstdarstellung der Stadtverwaltung oder des Rates zu betreiben oder den Versuch zu unternehmen, mit auch von anderen Stellen angebotenen Programminhalten zu konkurrieren.

Strategien

Wegen der von allen Seiten geforderten Bürgernähe und der gerade in der jüngeren Generation zu beobachtenden Staatsverdrossenheit werden sich die Kommunalverwaltungen, selbst wenn es Geld kostet, der Aufgabe nicht entziehen können, die neuen Informations- und Kommunikationstechniken auch und gerade für eine verstärkte Kommunikation mit dem Bürger zu nutzen. Hier ist insbesondere wieder auf den Konkurrenzdruck der Wirtschaft hinzuweisen. Kein Bürger wird sich dem Bildschirmtextdienst anschließen oder einen für den Empfang von zusätzlichen Sendungen geeigneten Fernsehapparat anschaffen, allein um Informationen aus seiner Kommunalverwaltung zu erhalten bzw. um über diese Medien mit seiner Kommunalverwaltung in einen Dialog zu treten. Auf der anderen Seite wird aber jeder Bürger enttäuscht sein, wenn alle möglichen Institutionen der Privatwirtschaft hier Dienste anbieten, die Kommunalverwaltungen aber auf diesem Gebiet nicht tätig werden.

Aus dieser gegebenen Situation heraus werden sich also nach meiner Einschätzung die Kommunalverwaltungen auf Dauer den neuen Kommunikationsformen mit dem Bürger nicht verschließen können. Auf der anderen Seite sollten aber auch die Kommunalverwaltungen hier nicht den Vorreiter spielen. Beim Betreten von Neuland werden zwangsläufig immer Fehler gemacht. Diese Fehler müssen aber nicht unbedingt bei den Kommunalverwaltungen anfallen. Außerdem sollte nicht jede Kommunalverwaltung versuchen, der erste Anbieter neuer Techniken zu sein oder das Angebot der Nachbarverwaltung zu übertrumpfen. Das System von Pilotanwendern und der interkommunalen Zusammenarbeit hat sich gerade beim Einsatz der Datenverarbeitung sehr bewährt. Wir gehen deshalb davon aus, daß sich ähnliche Kooperationsstrukturen auch für neue Kommunikationsformen mit dem Bürger eignen. Durch kommunale Testanwendungen und eine interkommunale Zusammenarbeit wird auch solchen kommerziellen Institutionen das Wasser abgegraben, die sich — oft ohne Sachverstand — auf neue Entwicklungen stürzen, ihre Dienste auch im Kommunalbereich anbieten und dabei versuchen, eine „schnelle Mark" zu machen. (1984)[66]

Entwicklungstendenzen der Verkabelung

Die Frage, ob bei der Breitbandverkabelung eine schnelle Verkabelung auf der Basis von Kupferkoaxialkabeln gewählt werden sollte oder ob man hier die Verfügbarkeit der Glasfasertechnik abwarten sollte, ist in der jüngeren Vergangenheit im politischen Raum heftig diskutiert worden. Diese Diskussion wird in der Zeitschrift ÖVD/Online, Heft 2/1983, wie folgt kommentiert: Mit angeblich technischen Argumenten, die nur von einer Minderheit von Bürgern nachvollzogen werden können, wird hier ein Stellvertreterkrieg über die richtige Medienpolitik betrieben.

Die Problematik läßt sich kurz in folgenden Sätzen zusammenfassen:

— Breitbandige Netze spielen z.Z. lediglich im Rundfunk- und Fernsehbereich eine Rolle. Die anderen Informations- und Kommunikationstechniken, die für den weiten Bereich der Büroautomation bedeutsam sind, können ausnahmslos über schmalbandige Netze abgewickelt werden (Datenübertragung, Textübertragung, Bildschirmtext usw.).

— Insofern konzentrieren sich die Kriterien zur Bewertung von Breitbandnetzen im Augenblick und in naher Zukunft ausschließlich auf den Rundfunk- und Fernsehbereich und die hier möglichen Vorteile.

— Auf weite Sicht wird allerdings eine Integration aller Netze und Dienste in breitbandigen Glasfaser-Netzen erfolgen. Die Entwicklungen der Bundespost in Richtung auf BIGFON und das dienstintegrierte (breitbandige Glasfaser-)Netz ISDN (Integrated Services Digital Network) sind bekannt. Die breite Verfügbarkeit eines solchen Netzes wird m.E. noch viele Jahre erfordern, und die damit verbundenen Probleme lassen sich nicht einfach auf das Stichwort „Glasfasertechnik" reduzieren. Hier spielen andere Fragen eine genauso bedeutsame Rolle (digitale Übertragungstechnik, digitale Vermittlungstechnik, Funktionen der mit Mikroelektronik bestückten Netzknoten, Vereinheitlichung der Dienste, Schaffung von Standards für sogenannte offene Kommunikationssysteme usw.).

— Auf weite Sicht sind die Vorzüge von Glasfasernetzen unbestritten. Wegen der technischen Eigenschaften sind gegenüber Koax-Netzen zusätzliche Dienste möglich, bisherige Dienste können besser und schneller erledigt werden, einer Vereinheitlichung aller Dienste wird Vorschub geleistet, und die neue Technik ist auf Dauer kostengünstiger. Darüber hinaus erlauben Glasfasernetze auch eine Sternstruktur und damit die Einrichtung eines Vermittlungssystems, d.h. die Hin- und Rückübertragung von auch breitbandigen Informationen zwischen den verschiedenen Endstellen und der Zentrale.

— Wegen der spätestens mit der Verfügbarkeit der Glasfasertechnik gegebenen Integration aller breit- und schmalbandigen Dienste empfiehlt es sich schon heute, die Zuständigkeit für die Verkabelung in einer Organisationseinheit zusammenzufassen oder zumindest durch geeignete Organisationsverfügungen ein koordiniertes Vorgehen zu gewährleisten.

Die bisherigen Überlegungen bezogen sich im wesentlichen auf Fernnetze. Daneben sind in der letzten Zeit auch die Nutzungsmöglichkeiten und die Notwendigkeit von lokalen (institutionsinternen) Netzen (LAG = Local Area Networks) diskutiert worden. Ausgangspunkt für die Forderung nach lokalen oder In-House-Netzen ist die Tatsache, daß bei großen Institutionen bis zu 80% der geschriebenen und gesprochenen Informationen hausintern abgewickelt werden und daß man dafür die verschiedenen Übertragungssysteme (Telefonnebenstellenanlage, hausinternes Datenübertragungsnetz, Botendienst) vereinheitlichen und beschleunigen möchte.

Auch Stadtverwaltungen sind natürlich große Organisationen, in denen zahlreiche Informationen, in denen zahlreiche Informationen verschiedener Art fließen. Dennoch ist im Augenblick davor zu warnen, daß die Städte bei der Einrichtung von lokalen Netzen den Vorreiter spielen. Die technischen Schwierigkeiten sind noch enorm, über die zweckmäßigen technischen Ansätze wird noch gestritten, die Kosten sind sehr hoch, und die Anwendungsmöglichkeiten sind noch nicht absehbar. Ich gehe davon aus, daß auf Dauer über die externen Netze letztlich auch das Problem der hausinternen Datenübertragung gelöst wird. Ansätze dazu sind bereits in Telefon- und Teletexnebenstellenanlagen mit digitaler Vermittlungs- und Übertragungstechnik vorhanden.   (1984)[67]

Die Städte an der Schwelle
zum Informationszeitalter

Zu den neuen Medien bzw. den Informations- und Kommunikationstechniken wird in einer Reihe von Publikationen in Szenarien die mögliche Veränderung unserer Gesellschaft durch die neuen Medien ausgemalt. Hierzu einige Aussagen:

1. Der Mikroelektronikbericht des Club of Rome trägt den Titel „Auf Gedeih und Verderb" (englisch: For better or for worse). Entsprechend stellen die einzelnen Beiträge darauf ab, daß die dort so bezeichnete zweite (mikroelektronische) industrielle Revolution ohnehin stattfinden wird und daß es deshalb nur darum gehen kann, den Technikeinsatz so zu steuern, daß Chancen genutzt, Risiken erkannt und mögliche negative Folgen kontrolliert und möglichst vermieden werden können.

2. Zumindest für den Bereich der neuen Medien, den man im weiteren Sinne mit Unterhaltungselektronik bezeichnen kann (Rundfunk, Fernsehen, Video, Telespiele usw.), malt Neil Postman ein Negativbild der Zukunft, das sich schon im Titel seines Buches „Wir amüsieren uns zu Tode" ausdrückt. Er befürchtet mit der Vermehrung und der daraus resultierenden Konkurrenz des Medienangebots eine Verflachung der Kulturlandschaft und der Unterhaltungsgewohnheiten.

3. Klaus Haefner sieht in seinem Buch „Mensch und Computer im Jahr 2000" die Wahl zwischen einer human-alternativen und einer human-computerisierten Gesellschaft. Er befürwortet die human-computerisierte Gesellschaft und versucht Wege für einen entsprechenden Einsatz der Informations- und Kommunikationstechniken aufzuzeigen.

4. Alvin Toffler publizierte nach seinem Buch „Der Zukunftsschock" (1970), der die zunächst vorhandene Betroffenheit der Menschen des 20. Jahrhunderts mit Blick auf die technischen und gesellschaftlichen Veränderungen (nicht nur durch die Informations- und Kommunikationstechniken) darstellt, 10 Jahre später sein optimistisches Werk „Die dritte Welle. Zukunftschance. Perspektiven für die Gesellschaft des 21. Jahrhunderts". Nach seiner

Auffassung bietet die nun anrollende dritte Welle, eben der Beginn einer Technologiegesellschaft, nach der ersten Welle (Agrargesellschaft) und der zweiten Welle (Industriegesellschaft) neue Chancen für eine Gesellschaftsordnung, in der wieder individuellen Bedürfnissen Rechnung getragen werden kann und jetzt noch vorhandene Trennungslinien (z.B. zwischen Familie und Arbeitswelt, zwischen Konsum und Produktion) abgebaut werden können. Er sieht in der technischen Entwicklung die Chance, den alten „Gesellschaftscode" (Standardisierung, Spezialisierung, Synchronisierung, Konzentration, Maximierung, Zentralisierung) aufzulösen und wieder von Massenverhaltensmustern auf individuelle Bedürfnisstrukturen umzuschwenken (u.a. durch den Ersatz von Massenkommunikationsmitteln durch Möglichkeiten einer verstärkten Individualkommunikation).

Die Szenarien für die allgemeine gesellschaftliche Entwicklung im Informationszeitalter können mit einiger Phantasie in ein Zukunftsbild für die Städte und Stadtverwaltungen von morgen umgesetzt werden. Ein solches Szenario hat davon auszugehen, daß die bisherige Informationsspeicherung auf Papier vermehrt durch eine elektronische Speicherung und persönliche Kontakte zum Teil durch elektronische Kommunikationsbeziehungen ersetzt werden.

Wird es nun aber in Zukunft

— Rathäuser ohne Publikumsverkehr,

— nur noch elektronische Kommunikation der Verwaltungsmitarbeiter untereinander und mit den Bürgern,

— das multifunktionale Terminal auf allen Schreibtischen im Rathaus,

— den Fortfall jedweden Schreibdienstes und sonstiger Unterstützungsfunktionen,

— das papierlose Büro,

— die Auflösung von Verdichtungsräumen,

— einen Ersatz physischer Verkehrsflüsse durch elektronische Kommunikation,

— eine Entleerung unserer Städte von Menschen und Verkehr

wirklich geben? Ich gehe davon aus, daß manche der hier nur angerissenen denkbaren Entwicklungen — im positiven wie im negativen Sinne — zwar tendenziell kommen, daß aber alle extremen Veränderungen ausbleiben werden, der Entwicklungsprozeß kontinuierlich und evolutionär verlaufen wird und wir ihn durchaus beeinflussen können.

Die Auswirkungen der neuen Techniken, speziell bezogen auf die Entscheidungsträger im Kommunalbereich, lassen sich pauschal so zusammenfassen:

1. Die neuen Informations- und Kommunikationstechniken werden ihren Einzug, ob wir es wollen oder nicht, auch in die Kommunalverwaltungen halten und die Arbeit der Verwaltung und der Vertretungskörperschaften nachhaltig beeinflussen.

2. Ebenso werden diese Techniken die Lebensgewohnheiten und Arbeitsbedingungen der Menschen und damit die Entwicklungsmöglichkeiten und Strukturen der kommunalen Gebietskörperschaften berühren.

3. Wenn ein solcher Prozeß jedoch unaufhaltsam ist, kann es für die im Kommunalbereich Verantwortlichen nur darum gehen, hier positiv regulierend einzugreifen. Denn wir haben durchaus die Chance, positive Tendenzen zu fördern und negativen entgegenzuwirken.

Nachfolgend sollen nun einige konkrete Entwicklungstendenzen und Einsatzmöglichkeiten der neuen Informations- und Kommunikationstechniken im Kommunalbereich näher beleuchtet werden. Ich bin mir bewußt, daß ich dabei viele Fragen nur anreißen kann und daß ich mich schon bei der Fragenauswahl beschränken muß.

(1986)[68]

ÜBER BRUNO WEINBERGER

▶

Dr. Bruno Weinberger, von 1968 bis 1986 Geschäftsführendes Präsidialmitglied des Deutschen Städtetages.

Rückseite:
Ein Bild aus dem Jahre 1964: Bundeskanzler a.D. Dr. Konrad Adenauer ver-abschiedet sich vom Hauptausschuß des Deutschen Städtetages. Von links nach rechts: Oberdirektor Dr. Hermann Pünder, Dr. Konrad Adenauer, Dr. Arnulf Klett, Oberbürgermeister von Stuttgart und Präsident des Deutschen Städtetages, und Dr. Bruno Weinberger, damals Erster Beigeordneter des Deutschen Städte-tages.

HANS KOSCHNICK

Für die Bürger

Über eine große Zeitspanne hinweg konnte ich das Wirken des nun ausscheidenden geschäftsführenden Präsidialmitgliedes des Deutschen Städtetages, Dr. Bruno Weinberger, beobachten, begleiten und von den Früchten partizipieren.

Zugegeben, die ersten Jahre seiner Tätigkeit für unsere Organisation, seine Arbeit als „erster Beigeordneter und Finanzreferent" waren für mich in größerer Distanz als die Jahre ab 1968, als er die Aufgaben des Hauptgeschäftsführers übernahm. Nicht daß ich nicht schon vorher auf ihn aufmerksam wurde, ich habe ihn ja schließlich aus der Kenntnis seiner Leistung damals mitgewählt; aber solange man nur im Sportausschuß oder selbst im Hauptausschuß tätig war: die unmittelbare Nähe und damit die Möglichkeit umfassender Beurteilung ergab sich erst aus dem Miteinander im Präsidium. Diese Jahre des Miteinanders sind bei mir haftengeblieben als Jahre von Bruno Weinberger, in denen er voller Schaffenskraft und Energie kraftvoll die Interessen der deutschen Kommunen vertrat. Es waren Jahre drängender Beharrlichkeit und steter Abwehrbereitschaft gegenüber den Zugriffen von Bund und Ländern auf die nicht ohne Kampf und Mühen durchgesetzten Selbstgestaltungsrechte unserer Städte.

Den Traditionen „Stein'scher" Selbstverwaltungsvorstellung verpflichtet, warb er in seinem Staatsverständnis für ein gleichberechtigtes Miteinander der drei öffentlichen Ebenen Bund, Länder und Gemeinden! Er stand deshalb einer nur der Untertanenmentalität entsprechenden Vorstellung eines „oben und unten" in der Wahrnehmung öffentlicher Aufgaben und Anliegen entgegen. Vorrang und Nachrang hatten für ihn nur Bedeutung in der demokratischen Legitimation, nicht aber in der unterschiedlichen Ausweisung staatlicher Funktionsbereiche (und Funktionäre). Nein, hier stand jemand, der in seinem Einsatz für eine kraftvolle Interessenvertretung der Städte nicht die „kommunalen Obrigkeiten" meinte, sondern die Bedürfnisse der Bürger.

Die Stadt als urbanes Zentrum, als Heimstätte sozialverantwortlicher Bürger, als Wirkungs- und Erlebniskreis kultureller Entwicklung, als Ort beruflicher Existenz und als Stätte gegenseitiger Kommunikation, realisiert durch die Bereitschaft kritischer Frauen und Männer, freiheitliche, demokratische und rechtstaatliche Positionen zu vertreten, Anstoß und — wenn es sein muß — auch Ärgernis zu geben, Fortschritt und zu Bewahrendes in einer Symbiose zu vereinen, das war sein Ziel. Es zu erreichen, in Gemeinsamkeit zu erreichen, darum war er bemüht. Mit seinen Kolleginnen und Kollegen in der Hauptgeschäftsstelle, nicht zuletzt mit den Vertretungen der Mitgliedsstädte und Landesverbände des Deutschen Städtetages, aber auch in gutem Zusammenwirken mit den Repräsentanten des Deutschen Städte- und Gemeindebundes wie des Deutschen Landkreistages warb er um die Verwirklichung dieser Zielsetzung.

Und über die nationale Enge hinaus stand er ein für die Zusammenarbeit mit den anderen Verbänden in Europa und in der „International Union for Local Authorities" (IULA).

Mindestens so wichtig war, daß die Gesprächs- und Verhandlungspartner auf der Seite der staatlichen Ebene in ihm und den Mitarbeitern der Hauptgeschäftsstelle nicht kleinzukriegende Gegenspieler fanden, wenn wieder einmal das Gewicht der Ministerialbürokratie bzw. staatlicher Omnipotenz gegenüber den Kommunen ausgespielt werden sollte und die durch die Verfassung geschützte kommunale Selbstverwaltung gar zu leicht von staatlicher Seite als vernachlässigbar betrachtet wurde. Doch andererseits fanden die staatlichen Stellen nach eigenem Bekenntnis auch in dieser Mannschaft die sachkundige Begleitung und Hilfe bei vielen gesetzlichen Regelungen, die das Verhältnis des bürgernahen Miteinanders in Zeiten gesellschaftlicher Veränderung neu definieren sollten. Kurzum, ein notwendiges Bewahren und Erhalten kommunaler Selbstgestaltungskompetenz war verbunden mit der Aufgeschlossenheit, den veränderten Zeitläufen und neuen Aufgabenstellungen in der Gemeinde und für die Gemeinden Rechnung zu tragen.

Das zeigte sich nicht zuletzt in der Behandlung des „Nervus rerum" der Kommunalpolitik. Denn selbstverständlich wußte Dr. Weinberger, daß alle Selbstverwaltungs- und Selbstgestaltungsrechte der Kommunen „für die Katz'" sind, wenn der „Nerv der Dinge" — die finanzielle Entscheidungsfähigkeit — angeknackst ist. Und so finden wir ihn im publizistischen Wettstreit, in wissenschaftlichen

Veröffentlichungen, in harter Sachvertretung wie in beharrlichem Werben vor den Gremien deutscher Kommunalvertretung und vor den Ausschüssen parlamentarischer Körperschaften und finanzwissenschaftlicher Beratungsinstanzen der Regierungen als engagierten Verfechter finanzwirtschaftlicher Unabhängigkeit der Gemeinden. Seine Warnung vor den Verlockungen eines „goldenen Zügels" wie seine Forderung nach dem Mut selbstbewußter Vertretung kommunaler Finanzautonomie sind beständige Marksteine seiner Tätigkeiten für den Deutschen Städtetag. Und er schwor uns darauf ein, uns, die wir aus unterschiedlichem politischen Lager kamen und dennoch im Deutschen Städtetag die Brücke gemeinsamer Vertretung der Interessen der Bürgerinnen und Bürger unserer Gemeinden fanden.

Dies — und das ist das, was mich am meisten in der Arbeit des Deutschen Städtetages überzeugte — war und ist eine der heute nur noch spärlich vorhandenen Gelegenheiten, in denen über alle tagespolitischen und auch grundsätzlichen Unterschiede hinweg Frauen und Männer in gesellschaftlicher Verantwortung zusammenstehen, um Gegenwart und Zukunft gemeinsam zu gestalten. Sicher setzt das Toleranz und Kompromißbereitschaft voraus. Aber ist nicht aktive Toleranz die einzige dauerhafte Form demokratischer Entwicklung, die nicht in Abgrenzung und Ausgrenzung endet, sondern akzeptiert, daß keiner von uns „den Stein der Weisen" gefunden hat und wir alle nur Suchende sind? Und ist Kompromißbereitschaft wirklich so verwerflich, wenn wir an die schrecklichen Ergebnisse politischer Kompromißlosigkeit denken? Hatten wir uns nicht alle einmal geschworen, nicht erst wieder — wie gehabt — hinter Gittern zu bedenken, wieviel mehr Gemeinsames denn Trennendes uns verbindet?

Dies jedenfalls war Bruno Weinberger und mir gemeinsam. Das verband uns in den langen Jahren der Zusammenarbeit im Kreise des Präsidiums des Deutschen Städtetages, nicht zuletzt in den Jahren meiner Präsidentschaft und in der noch heute andauernden Vertretung unserer Organisation in den Gremien der IULA. Das entwickelte sich zu einer Freundschaft, die uns — und hier schließe ich die Ehepartner ausdrücklich mit ein — bis heute verbindet.

Und so danke ich denn dem scheidenden „geschäftsführenden Präsidialmitglied" des Deutschen Städtetages wie dem Freund Bruno Weinberger für viele Jahre guter Weggenossenschaft.

MANFRED ROMMEL

Die Wegbereiter

Der Deutsche Städtetag ist ein kompliziertes Gebilde, weil er eine komplizierte Aufgabe hat. Er soll auf der einen Seite die Interessen der Städte gegenüber Bundesregierung und Bundestag und auf Bundesebene tätigen Verbänden vertreten. Er soll auf der anderen Seite ermitteln, welches diese Interessen sind, und schließlich dafür sorgen, daß Erfahrungen und Erkenntnisse, die die eine Stadt gewinnt, auch für die anderen Städte nutzbar werden können. Er soll obendrein noch dazu beitragen, daß die auf Parteienkampf drängenden kommunalen Kräfte wenn auch nicht gebändigt, so doch in einem Maße gemildert werden, daß so etwas wie eine für die Durchsetzung der Interessen förderliche Gemeinsamkeit erzielt wird. Eine zentrale Bedeutung kommt bei der Erfüllung dieser Aufgaben dem Hauptgeschäftsführer zu. Von ihm wird nicht nur auf allen Gebieten Sachkunde erwartet, er soll überdies eine über der Sache, aber nicht außer der Sache stehende Persönlichkeit sein, die Autorität genug besitzt, die Streitenden zu beruhigen, die Verwirrten zu lenken (aber ohne daß diese es merken), die Desinteressierten zu motivieren und die auf hohem Roß Sitzenden zu veranlassen, gelegentlich abzusteigen und einige Schritte zu Fuß zu gehen.

Dr. Bruno Weinberger hat all diese Fähigkeiten, und er hat sie während seiner Amtszeit auf das wirksamste in den Dienst der deutschen Städte gestellt.

Die Interessen der deutschen Städte auf Bundesebene zu vertreten ist gar nicht einfach. Denn bei uns hat die hierarchische Vorstellung, daß die Weisheit in der Zentrale am größten sei und daß sie in dem Maße abnehme, je weiter sie sich von der Zentrale in Richtung auf die örtliche Ebene entferne, alle politischen Katastrophen und alle doch immerhin sehr grundlegenden Veränderungen der Verfassungslage überdauert. Das deutsche Sprichwort „Wem Gott ein Amt gibt, dem gibt er auch den Verstand" gilt an sich für alle politischen Ebenen. Wenngleich ich einräume, daß für die Vereinigung so manchen Amtes mit einem Menschen eine andere Erklärung als Gottes besondere Gnade schwer zu finden ist, so muß ich doch, nachdem ich viele Jahrzehnte in Politik und Verwaltung verbracht habe, feststellen, daß dieses Wort entweder nicht stimmen kann oder daß eben doch nicht alle Ämter von Gott stammen. Auch diese Feststellung trifft auf alle politischen Ebenen zu, auch auf die kommunale. Der Vorteil oder auch Nachteil der kommunalen Ebene liegt aber darin, daß man es dort eher herausfindet, wenn sich im konkreten Falle der Tatbestand des Sprichwortes in einem Amtsträger nicht erfüllt. Dies rührt daher, daß auf der Ebene der kommunalen Selbstverwaltung die Tatsachen ein weit größeres Gewicht haben als auf der Landesebene und erst recht auf der Bundesebene und daß die Tatsachen, dort, wo sie in Erscheinung treten, unbequem und verhältnismäßig unbestechlich sind. Freilich sind wir Deutsche ein philosophisches Volk und deshalb durchaus in der Lage, Theorien zu entwickeln, die sich mit Tatsachen nicht mehr angreifen lassen. In dieser Situation liegt es begründet, daß sich oft die Kommunen auf höheren politischen Ebenen nur mit großen Schwierigkeiten durchsetzen können. Daß dies dennoch in vielfacher Weise in den letzten Jahrzehnten gelungen ist, haben wir neben dem erfreulichen Umstand, daß so mancher Bundespolitiker früher einmal Kommunalpolitiker gewesen ist und diese seine Vergangenheit nicht ganz verdrängt hat, auch der Tätigkeit von Dr. Weinberger zu verdanken.

Wer sich in Bonn Gehör verschaffen will, braucht nicht nur gute Argumente, sondern auch Beziehungen. Es gibt keinen Königsweg zu Beziehungen. Diese müssen auf steilem Wege mühsam erworben und vor allem gepflegt werden. Das erfordert die Fähigkeit, Vertrauen begründen und halten zu können. Dies ist noch schwieriger, denn in der Politik traut man dem anderen eher alles zu, als daß man ihm vertraut. Vertrauen findet allenfalls der Verläßliche. Zur Verläßlichkeit genügt aber nicht, daß man deshalb berechenbar wird, weil man nie seine Meinungen ändert; vielmehr ist intellektuelle Redlichkeit erforderlich, nämlich die Fähigkeit, vernünftig der Vernunft zugängliche Sachverhalte angehen zu können.

Und zum Glück sind die meisten Sachverhalte der Vernunft zugänglich. Das allzu frühe Operieren und Argumentieren mit der Moral, wie es bei uns üblich war und üblich ist, dient gewiß nicht der Verbesserung der moralischen Verhältnisse. Es schadet aber sicher der Vernunft, mit der es ohnehin nicht zu weit her ist in der Politik.

Dr. Weinberger hat in der Bonner Szene das Vertrauen weiter Kreise gehabt, nicht nur in der CDU/CSU, sondern auch in der SPD und in der FDP. Um Klarheit bemüht, mit einer fundierten Meinung ausgestattet, war er offen für Argumente, mit denen er sich kritisch, aber konstruktiv auseinandersetzte. Ich möchte die Bedeutung der Präsidenten des Deutschen Städtetags nicht abwerten, zumal ich selber fünf Jahre lang Präsident war. Aber wir konnten bei unseren Auftritten auf der Bundesebene uns immer auf eine sichere Grundlage abstützen, die Dr. Weinberger und die vorzüglich arbeitende, aber auch vorzüglich geleitete und koordinierte Geschäftsstelle geschaffen hatte.

Innerhalb des Deutschen Städtetages mußten die gemeinsamen Interessen herausgearbeitet werden. Das war oft nicht leicht, denn die Interessen sind nun einmal nicht in vollem Umfange gleichgerichtet. Die im Umland gelegene Stadt sieht selbstverständlich die Verteilung der den Kommunen zufließenden Finanzmittel anders als die mit zahlreichen zentralen Aufgaben beschwerte Großstadt, der ländliche Raum hat andere Vorstellungen von Prioritäten als der großstädtische Verdichtungsraum. Zwar werden bei einer langfristigen Sicht die meisten Widersprüche der Interessen aufgehoben. Es ist aber nicht leicht, die Menschen zu veranlassen, langfristigen Gesichtspunkten den Vorrang vor kurzfristigen einzuräumen. Dennoch ist dies immer wieder im Deutschen Städtetag gelungen. So erklärt sich der verhältnismäßig große Zusammenhalt der Städte, die wichtigste Quelle der Kraft des größten kommunalen Spitzenverbands. Zum Beispiel war es, als der Bund voreilig die Lohnsummensteuer abgeschafft hat, selbstverständlich, daß der Städtetag primär und zunächst ausschließlich für die Beibehaltung der Lohnsummensteuer für die Lohnsummensteuerstädte kämpfte und erst dann für einen Ausgleich durch Senkung der Gewerbesteuerumlage und Anhebung des kommunalen Einkommensteueranteils zugunsten aller Städte eintrat, als die Schlacht um die Lohnsummensteuer verloren war. Andernfalls wäre der Städtetag auseinandergesprengt worden.

Auch ist es selbstverständlich, daß der Deutsche Städtetag vorrangig dafür eintritt, daß die Arbeitslosenhilfe vom Bund in einem Maße verbessert wird, daß daneben nicht auch noch von den Kommunen Sozialhilfe für die Dauerarbeitslosen gezahlt werden muß. Denn nur auf diesem Wege kann den Städten und Kreisen mit besonders hoher Arbeitslosigkeit maßgeschneiderte Hilfe zuteil werden. Zur Zeit ist es so, daß in den Kommunen, in denen die Arbeitslosigkeit besonders hoch ist, meist die Wirtschaft stagniert und deshalb das Steueraufkommen entweder zurückgeht oder stagniert. Diese Kommunen sind aber besonders stark durch Sozialhilfe für Dauerarbeitslose belastet, wodurch ihre Möglichkeiten, durch kommunale Investitionen der Arbeitslosigkeit entgegenzuwirken, weiter beschnitten werden. Das Geschäftsführende Präsidialmitglied Dr. Weinberger hat viel dazu beigetragen, daß diese Position klar vom Städtetag vertreten wird. Er hat sich zusammen mit den Präsidenten und mit der Geschäftsstelle stets gegen Tendenzen bei Bund und Ländern gewehrt, alle Kommunen über einen Leisten zu ziehen und aus arm und reich und groß und klein eine statistische Durchschnittsstadt zu bilden, der es zwar nicht sehr gut, aber auch nicht sehr schlecht geht und die deshalb ebensowenig Probleme hat wie der statistische Durchschnittsmensch im Alter von sagen wir 40 Jahren, der weder in die Schule muß noch eine Rente benötigt.

Bei allen sich widersprechenden Interessen gibt es doch ganz gewichtige Bereiche, in denen die Interessenlage aller Städte gleich ist. Dies trifft zum Beispiel zu auf die Rechtsetzung, die wiederum Grundlage für die nicht immer segensreiche Tätigkeit der Rechtsaufsichtsbehörden ist. Wir haben ein Interesse daran, daß unsere gewählten Volksvertretungen möglichst wenig reglementiert werden, daß nicht jeder Aktionismus auf Bundes- und Länderebene dazu führt, daß den Städten in Gestalt einer weiteren unnötigen Vorschrift ein neuer Klotz ans Bein geschmiedet und ein neues Feld geschaffen wird, um sachliche Erörterungen durch juristische Spitzfindigkeiten zu sublimieren. Eine sorgfältige und frühzeitige Beobachtung der Rechtsetzungsabsichten ist erforderlich, um das ständig wuchernde Unkraut möglichst schon als Keim unschädlich machen zu können. Andernfalls könnte die kommunale Selbstverwaltung eines Tages der fatalen Neigung von uns deutschen Juristen zum Opfer fallen, jeden Freiheitsspielraum als eine Lücke zu betrachten, die der Ausfüllung durch neue Vorschriften dringend bedarf. Dr. Weinberger hat hier viel Falsches verhindert, und das ist besonders verdienstvoll, denn durch die Vermeidung des mit Sicherheit Falschen nähern wir uns am ehesten dem wahrscheinlich Richtigen. Als richtig hat Dr. Weinberger z.B. die Absicht von Minister Schneider angesehen, den Genehmigungsvorbehalt für Bebauungspläne im alten Bundesbaugesetz durch das neue Baugesetzbuch aufzuheben und so die Kommunen von einer ärgerlichen Bevormundung zu befreien. Nachdem alle politischen Kräfte ständig verheißen haben, daß die Teilhabe des Bürgers am politischen Geschehen ihr sehnlichster Wunsch sei, wäre es ein Widersinn, wenn die kommunalen Volksvertretungen immer stärker durch die Zügel von Rechtsaufsicht, Fachaufsicht und Subventionspolitik gelenkt — oder, um einen moderneren Ausdruck zu verwenden — manipuliert würden. Dadurch würde das Theaterhafte, das jeder Politik zwangsläufig anhaftet, ins Groteske übertrieben, mit staatspolitisch schädlichen Wirkungen für das Ganze.

Der Kampf um den Freiheitsraum der kommunalen Selbstverwaltung ist nie siegreich zu beenden. Er muß auch in der Zukunft weitergeführt werden, ebenso wie der Kampf um Vernunft bei der Erörterung der Frage einer Reform des kommunalen Steuersystems. Auf diesem Gebiete hat Dr. Weinberger eine besonders elegante, aber auch scharfe Klinge geführt. Es ist leider seit vielen Jahren die Gewohnheit einiger Redner, mit vordergründiger Eloquenz vor aus Mitgliedern des gewerblichen Mittelstandes zusammengesetzten Zuhörerschaften die Applaus auslösende Forderung zu erheben, die Gewerbesteuer möge doch abgeschafft werden. Dr. Weinberger ist der Diskussion über die Gewerbesteuer nie ausgewichen. Er hat aber verlangt, daß die Gewerbesteuer entweder bleiben oder durch eine neue, auch von der Wirtschaft zu erbringende Steuer ersetzt werden müsse, für die den Kommunen ebenfalls ein Hebesatzrecht zustehen müsse. Auf jeden Fall ist es im Interesse der wirtschaftlichen Entwicklung und der Sicherung von einer angemessenen Zahl von Arbeitsplätzen unverzichtbar, daß die Kommunen an Betrieben auf ihrer Markung ein finanzielles Interesse haben. Wäre es nämlich für die Einnahmen einer Stadt gleichgültig, ob sie auf ihrer Markung Betriebe und Arbeitsplätze bereitstellt oder nicht, würde das kommunale Wohlwollen für Betriebe und ihre Arbeitsplätze da und dort vollends erlahmen. So wie die Beseitigung des Mülls möglichst auf fremder Markung gefordert wird, so würde auch die Bekämpfung der Arbeitslosigkeit auf fremder Markung verlangt werden.

Dr. Weinberger hat sich besonders intensiv und konstruktiv mit der sogenannten Wertschöpfungssteuer beschäftigt. Leider zeigt sich, daß auf der Bundesebene wenig Neigung besteht, den Weg der Wertschöpfungssteuer einzuschlagen, da durch sie zwar einige im Zweifel Undankbare entlastet, dafür aber andere im Zweifel Entrüstete belastet würden. So wird es wohl bei der Gewerbesteuer bleiben.

Wir werden im Deutschen Städtetag auch in den kommenden Jahren wachsam sein müssen, damit die Steuerentlastungen, die verheißen werden, nicht allzu großkalibrig geraten. Das könnte nur auf Kosten derjenigen Städte gehen, die die größten wirtschaftlichen, finanziellen und sozialen Probleme haben. Auf jeden Fall muß erreicht werden, daß die Arbeitslosenhilfe auf das Niveau der Sozialhilfe angehoben wird. Wir müssen auch darauf achten, daß etwaige Steuerreformen so strukturiert werden, daß durch bessere Chancen der Eigenkapitalbildung mittelständische gewerbliche Betriebe ermutigt werden, mehr Arbeitsplätze zu schaffen. Denn die öffentliche Hand wird die fehlenden Arbeitsplätze nicht allein bereitstellen können. Bei allen Zielen können wir auf dem weiterbauen, was von Dr. Weinberger und seinen Mitarbeitern geschaffen wurde. Wir sollten uns bemühen, daß die gute und ehrliche Zusammenarbeit zwischen Kommunalpolitikern verschiedener politischer Richtungen aus Städten von verschiedener Größe und Struktur fortgeführt wird.

Wir wissen wenig Genaues von der Zukunft. Aber zwei Dinge wissen wir sicher: Unser Volk braucht eine starke kommunale Selbstverwaltung, und die kommunale Selbstverwaltung und das Volk brauchen eine Politik der Versachlichung und der gemeinsamen Verantwortung für das Ganze.

FRANZ-JOSEF SCHMITT

Mann der Mitte

Bruno Weinberger ist in seiner langen Amtszeit als geschäftsführendes Präsidialmitglied zu einem Synonym für den Deutschen Städtetag geworden. Gleiches gilt für den Städtetag Nordrhein-Westfalen, dessen geschäftsführendes Vorstandsmitglied er während der ganzen Zeit in Personalunion war. Ansehen, Vertrauen und Einfluß, die dieser Hauptgeschäftsführer besaß, haben nachhaltigen Einfluß auf Rang und Gewicht des Städtetages gehabt.

Bruno Weinberger hatte das Glück, während seiner Amtszeit mit bedeutenden Präsidenten zusammenarbeiten zu können. Bei allem Ansehen und Gewicht, das diese Präsidenten genossen und auf den Städtetag lenkten, haben sie den Hauptgeschäftsführer Weinberger nie überdeckt. Er war mit seinen Beigeordneten, Dezernenten und den Mitarbeiterinnen und Mitarbeitern der Hauptgeschäftsstelle stets die andere Säule. Ein geschäftsführendes Präsidialmitglied, dessen hohes Ansehen sich in seinem Verband widerspiegelt: das ist keine Selbstverständlichkeit.

Was zeichnet diesen Mann aus? Wie gewinnt man dauerhaft Ansehen und Einfluß in einer politischen Öffentlichkeit, in der täglich so viele erfolglos nach Ansehen und Einfluß drängen? Wie gelingt das dem Vertreter eines Verbandes, der weder zum Streik noch zur Wahlenthaltung aufrufen kann, dessen Mitglieder selbstbewußte und eigenständige Städte sind und dessen gewählte Repräsentanten unterschiedlichen politischen Lagern angehören?

Bruno Weinberger ist kenntnisreich in allen Dingen, die er zu vertreten hat. Man spürt, daß die Finanzen sein Schwerpunkt sind. Qualität und Quantität der kommunalen Finanzausstattung entscheiden über Qualität und Quantität der kommunalen Selbstverwaltung. Er weiß, daß man sich um die Finanzen kümmern muß, wenn man die kommunale Selbstverwaltung sichern und stärken will. Aber das Themenfeld eines Verbandes der Städte ist breiter. Weinberger hat die Gabe, auch auf vielen anderen Gebieten den Punkt zu erkennen, auf den es ankommt. Man muß feste Ordnungsvorstellungen haben, um diesen Punkt jeweils zu finden. Fast alles läßt sich einordnen und beurteilen, wenn man selbst geordnete Vorstellungen hat.

Und das könnte sein Ordnungsbild sein: Städte sind entwicklungs-, anpassungs- und leistungsfähige Körperschaften. Sie können Motor der Entwicklung in unserem Lande sein, wenn man ihnen die Freiheit läßt zu erkennen und zu handeln. Sie sind eingebettet in den Staat, sie dürfen politische Grundentscheidungen des Staates nicht unberücksichtigt lassen. Dazu bedarf es keiner Gängelung, keiner alles überlagernden staatlichen Bürokratie. Der Staat schadet sich selbst, wenn er der kommunalen Selbstverwaltung mißtraut. Mit den großen Entwicklungsschritten der Nachkriegszeit sind die Städte in freier Selbstverwaltung fertig geworden: dem Wiederaufbau, den Problemen der Industrie- und Wirtschaftsentwicklung, der Schaffung eines differenzierten Bildungsangebotes, dem Aufbau eines Netzes sozialer Einrichtungen, einer Infrastruktur für Sport und Freizeit, von Zentren der Kultur und Freiräumen für kulturelle Entwickungen in einer sich wandelnden Gesellschaft. Nichts spricht dafür, daß die Städte nicht auch in freier Selbstverwaltung mit den besonderen Aufgaben unserer Tage fertig werden, insbesondere dem Schutz der Umwelt, der Erhaltung natürlicher Lebensräume, den Entsorgungsproblemen, der Korrektur von Fehlentwicklungen der starken Wachstumsjahre.

Bruno Weinberger ist ein Mann der Mitte. Seine Argumente und sein Handeln kommen von der Mitte her. Zeiten, in denen die Mitte kein breiter gemeinsamer Nenner im öffentlichen Leben ist, sind außergewöhnliche, meist wenig gute Zeiten. Der Hauptgeschäftsführer eines Verbandes, in dem unterschiedliche politische Strömungen beheimatet sind, muß ein Mann der Mitte sein, er muß den gemeinsamen Nenner präsentieren, den alle bei gutem Willen akzeptieren können. Er muß die Klammer sein, die die Flügel zusammenhält. Dazu gehört ein unabhängiger, in sich ruhender Mann, der seine politische Heimat hat und der doch zugleich weiß, daß von ihm Distanz gefordert wird. Er muß das Vertrauen genießen, das nur dem geschenkt wird, der sein Amt fair ausübt und der nicht um kurzfristiger Erfolge willen mit Tricks arbeitet. Ein Verband wie der Städtetag verspielt seine Chancen, wenn ein Hauptgeschäftsführer die Klammerfunktion nicht wahrnimmt. Bruno Weinberger war in besonderem Maße Klammer. Jeder neue Hauptgeschäftsführer muß sich hier erst neu beweisen.

Letztlich kann auch der demokratische Staat nicht überdauern, wenn unter den tragenden Parteien der Grundkonsens in zentralen Fragen fehlt. Fehlt die Kraft zu diesem Konsens auf Dauer, so sind das ernsthafte Zerfallserscheinungen. Verbände wie der Städtetag mit ihrer Möglichkeit, politische Menschen und Meinungen zusammenzuführen, Vertrauen unter Politikern verschiedener Parteien wachsen zu lassen, leisten über das Verbandsinteresse hinaus dem Staat einen Dienst.

Bruno Weinberger war in Personalunion geschäftsführendes Vorstandsmitglied des Städtetages Nordrhein-Westfalen. Was mag der Bayer — der seiner Heimat innerlich verbunden geblieben ist und dem Freistaat mit seinem Selbstbewußtsein und seinen Erfolgen — denken beim Blick auf Nordrhein-Westfalen mit seinen großen ungelösten Problemen? Er gibt es nicht zu erkennen. Er hat auch hier seine Pflicht getan. Auch in diesem Land wird er geachtet und geschätzt.

Einer ganzen Reihe von Präsidenten und Vorsitzenden hat Weinberger loyal zur Seite gestanden. Er hat ihnen viel Raum gelassen und ihnen den ersten Platz nie streitig gemacht. Daran hinderte ihn schon sein ausgeprägtes Taktgefühl und sein faires Rollenverständnis. Zudem hatte er es auch gar nicht nötig, sich auf den Stuhl eines anderen zu setzen. Noble Zurückhaltung konnte er sich leisten; denn auch so genoß er hohes Ansehen, hatte sein Urteil Gewicht, war er ein bevorzugter Gesprächspartner. Was trägt ihn? Wer wollte das schon beurteilen! Aber ohne Anspruch auf Vollständigkeit ist sicher dies zu nennen: die Liebe zu seiner bayerischen Heimat. Die Verwurzelung in einer lebendigen christlich-abendländischen Tradition, deren großen Zentren, Ereignissen und fortwirkenden Schöpfungen er mit großer Aufgeschlossenheit und Freude begegnet. Die Fähigkeit zur Freundschaft. Und vor allem die Familie. Seine Frau — beachtet und geschätzt von vielen — und die vier Söhne, sie sind die Mitte. Insbesondere diese Mitte bleibt ihm, wenn er nun sein Amt in andere Hände gibt. Mögen ihm auch viele Freunde und viele Freuden bleiben.

Stimmen der Presse

Dr. Bruno Weinberger feierte am 13. Februar 1985 seinen 65. Geburtstag und sein 25jähriges Dienstjubiläum beim Deutschen Städtetag. Über das Doppeljubiläum berichteten die Medien bundesweit.

„Anwalt der Gewerbesteuer" (Handelsblatt vom 13. 2. 1985)

„... Beim Deutschen Städtetag begann der gebürtige Bayer und promovierte Jurist seine Arbeit ... mit einer Verteidigungsschrift für die Gewerbesteuer — ein „Sorgenkind", dem auch heute noch seine Aufmerksamkeit gilt, wenngleich die von der Bundesregierung für die laufende Legislaturperiode abgegebene Bestandsgarantie für diese Steuer zunächst für Ruhe gesorgt hat. ... Auf eine Weinbergersche Initiative geht auch der Gemeindefinanzbericht zurück, der unter Federführung des Städtetages jährlich vorgelegt wird."

„Vom Freiherrn vom Stein lernen" (FAZ vom 1. 4. 1985)

„... Die kommunale Selbstverwaltung steht und fällt für Weinberger mit der finanziellen Eigenständigkeit der Gemeinde, und die fängt dort an, wo der Gemeinderat selbst Steuern festsetzen und über deren Verwendung entscheiden kann, also jenseits von Gebühren und Abgaben für kommunale Dienstleistungen, deren Kosten ohnehin oft nicht zu decken sind. ... Der gebürtige Oberbayer, der nie ein kommunalpolitisches Mandat ausübte, ist in seiner bedächtigen, zurückhaltenden Art gleichwohl eine Institution sondergleichen in der Kommunalpolitik der Bundesrepublik. Während Städtetagspräsidenten ... der Stimme der Kommunen ihren je eigenen (parteipolitischen) Tonfall gaben, verkörperte Weinberger wie kein anderer die parteiunabhängige Kontinuität und fachliche Kompetenz des Verbandes. ... Im Finanzplanungsrat und im Konjunkturrat für die öffentliche Hand hat sein Wort Gewicht. Als Verbandschef, der viele Präsidenten kommen und gehen gesehen hat, mußte Weinberger auch die Erfahrung machen, daß nicht alle Kommunalpolitiker, die nach Bonn gehen, dort etwas für die Städte tun. Viel Verständnis, wenig Handfestes — mehr ist nicht zu erwarten. Das war schon früher so. Als Weinberger in seinen ersten Jahren beim Städtetag einmal bei Adenauer vorsprach, um ihm die Sorgen und Wünsche der Gemeinden vorzutragen, meinte

der Kanzler nur: „Dat find ich janz richtig, wat Se da sagen, sehn Se mal zu, dat Se sich ordentlich Jehör verschaffen."

„Ära Weinberger" (Die Welt vom 6. 2. 1985)

„... Die Ära Weinberger beim Deutschen Städtetag ging einher mit dem Wirken hervorragender Städtetagspräsidenten, wie Willy Brandt, Alfred Dregger, Hans-Jochen Vogel, Hans Koschnick und Manfred Rommel. ... Höhepunkt der finanzpolitischen Bemühungen Weinbergers war die Gemeindefinanzreform von 1969. Heute, zu Beginn des Jahres 1985, gilt sein besonderes Augenmerk der Erhaltung des kommunalen Sparkassensystems und vor allem der Wiederbelebung der kommunalen Investitionstätigkeit ..."

„Auf die Barrikaden" (Neue Ruhr Zeitung vom 13. 2. 1985)

„... (Dr. Weinberger) war maßgeblich an der Gestaltung der Gemeindefinanzreform von 1969 beteiligt. Schritt für Schritt hat er eine Beteiligung der Gemeinden an der Gemeindesteuer erkämpft. Die Abschaffung der Lohnsummensteuer konnte er nicht verhindern, aber für die Gewerbesteuer, die insbesondere der FDP ein Dorn im Auge ist, steigt er nach wie vor auf die Barrikaden ..."

„Im Lob war Prominenz sich einig" (Kölner Stadt-Anzeiger vom 19. 2. 1985)

„... Die parteiübergreifende Harmonie beim Empfang des Deutschen Städtetages in Marienburg drückte auch das aus, wonach der Jubilar Weinberger in seiner 25jährigen Tätigkeit strebte. Der Präsident des Städtetags, der Dortmunder Oberbürgermeister Günter Samtlebe, bescheinigte Weinberger, er habe durch seine ausgleichende Art zu einem reibungslosen Zusammenwirken der verschiedensten Gruppen beigetragen und sich dadurch über die nationalen Grenzen hinaus Ansehen erworben. Weinberger, ein gebürtiger Bayer, sei von den Preußen gleichsam vereinnahmt worden ..."

„Städtetag ehrte Bruno Weinberger" (Kölnische Rundschau vom 14. 2. 1985)

„... ‚Er hat es fertiggebracht, daß die Männer mit politischen Gegensätzen ihre gemeinsamen Grundlagen nicht vergaßen', lobte der Chef der SPD-Bundestagsfraktion, Hans-Jochen Vogel. Helmut Geiger, Präsident des Deutschen Sparkassen- und Giroverbandes, sah in dem ‚Brückenbau' zwischen den kommunalen Verwaltungen, den Körperschaften und der Wirtschaft die Verdienste des Mannes, der gestern geehrt wurde: Bruno Weinberger, Geschäftsführendes Präsidialmitglied des Deutschen Städtetages. ... In seiner Laudatio erinnerte der Präsident des Städtetages, Dortmunds Oberbürger-

meister Günter Samtlebe, an das vielseitige Engagement Wein-
bergers. Er bemühte den Begründer der Städteordnung: ‚Selbst Karl
Reichsfreiherr vom und zum Stein würde Freude an unserem Jubilar
haben.'"

„Ein Kopf für Kommunales" (Aachener Volkszeitung vom 13. 2. 1985)

„Man weiß, was man an ihm hat, und deshalb wird man sich auch in
vielen Städten heute an ihn erinnern: Gemeint ist Dr. Bruno Wein-
berger. . . . Natürlich mehr noch als von wechselnden Köpfen an der
DST-Spitze war seine Tätigkeit von wechselnden Schwerpunkten der
Arbeit geprägt: In zweieinhalb Jahrzehnten haben sich die Großstädte
— im Deutschen Städtetag sind die kreisfreien Städte zusammenge-
schlossen — immer wieder neuen drückenden Sorgen und Aufgaben
gegenüber gesehen. Und ohne daß man auf ein ‚Signal von Köln' oder
auf vergleichbare Entscheidungen anderswo gewartet hatte, war man
doch immer froh, zu erfahren, wie vergleichbare Gemeinwesen dieses
Problem angepackt hatten. . . . "

„Ein Kämpfer für das Wohl der Gemeinden" (Stuttgarter Nachrichten vom 14. 2. 1985)

„Eigentlich war dies gestern beim Empfang des Deutschen Städte-
tages in Köln eine geballte Ansammlung kommunalpolitischer Sor-
gen. Doch die standen weniger im Vordergrund, dafür jener Mann, der
seit 25 Jahren in der Öffentlichkeit mit Nachdruck auf diese Sorgen
aufmerksam macht . . . Die Aufwartung galt Bruno Weinberger . . .
Welche Partei auch immer auf Landes- oder Bundesebene das Sagen
hat, der gebürtige Bayer kennt nur die Sache der Städte und schont
dabei auch nicht jene Partei, deren Mitglied er ist, die bayerische
CSU. . . . Zuwider sind ihm Politiker, die an der Basis anders reden
als im ‚abgehobenen Bonn'. Deshalb meint er seinen Vorschlag, alle
politischen Kandidaten sollten vor den Wählern einem kommunal-
politischen Test unterworfen werden, durchaus ernst. Ernst ist es ihm
auch mit dem Umweltschutz. Da reagiert Weinberger als ‚einfacher
Betroffener' und nicht als ‚Mister Städtetag'".

„Medienpolitische Aktivitäten" (Bauwirtschaft vom 14. 2. 1985)

„. . . Die Leistungen Weinbergers für die deutschen Städte haben
ihren Schwerpunkt auf finanz- und wirtschaftspolitischem Gebiet . . .
Eine für die Entwicklung der deutschen Städte außerordentlich wich-
tige Maßnahme war 1967 der Aufbau der Finanzierung für den inner-
städtischen Verkehrsausbau. Mit den drei Gemeindepfennigen der
Mineralölsteuer, die später noch aufgestockt werden konnte, wurde
der U-Bahn- und S-Bahnbau in unseren Metropolen und für alle

*Städte der Ausbau des innerstädtischen Verkehrsnetzes eingeleitet.
... Zu erwähnen sind nicht zuletzt die umfangreichen medienpolitischen Aktivitäten des Jubilars. So hat er bereits seit Mitte der 70er Jahre nicht ohne Erfolg versucht, die Städte auf die neuen Formen der Kommunikationen (neue Medien) vorzubereiten und als Programmbeiratsvorsitzender des WDR seit 1980 der Stadtpolitik stärkere Beachtung in der größten Rundfunkanstalt der Bundesrepublik Deutschland zu verschaffen ..."*

QUELLENVERZEICHNIS

1 Aus einem Vortrag in der Friedrich-Ebert-Stiftung in Bergneustadt am 3. November 1961

2 Veröffentlicht in „der städtetag", Oktober 1968

3 Aus einem Vortrag bei der Konstituierung des Ausschusses „Kreisangehörige Städte" am 25. Juni 1969

4 Veröffentlicht in „der städtetag", März 1973

5 Veröffentlicht in „der städtetag", September 1973

6 Veröffentlicht in „der städtetag", Juni 1975

7 Aus einem Bericht beim Internationalen Kongreß des Instituts für Finanzwissenschaft an der Universität Innsbruck am 1. März 1978

8 Artikel zur Gebietsreform in „Husumer Nachrichten" vom 23. Juni 1978

9 Essay in: Personen und Wirkungen — Biographische Essays, Landesbank Rheinland-Pfalz Girozentrale (Hrsg.), Mainz 1979

10 Aus der Festschrift anläßlich des 75jährigen Jubiläums des Deutschen Städtetages am 27. November 1980

11 Aus der Festschrift anläßlich des 75jährigen Jubiläums des Deutschen Städtetages am 27. November 1980

12 Aufsatz für die Festschrift zum 60. Geburtstag von Hansheinz Hauser, Krefeld, im Mai 1982

13 Veröffentlicht in „der städtetag", Juni 1983

14 Veröffentlicht in „der städtetag", Juni 1983, in Zusammenarbeit mit Christian Engeli

15 Aus dem Festvortrag zum 75jährigen Jubiläum Kommunaler Schadenausgleich westdeutscher Städte am 25. Oktober 1985 in Worms

16 Aus „Die Stadt: Heimat ihrer Bürger", Neue Schriften des Deutschen Städtetages, Heft 53, Köln 1985

17 Veröffentlicht in „der städtetag", Oktober 1960

18 Veröffentlicht in „der städtetag", November 1960

19 Kurzreferat zum Parlamentarischen Abend der Bundesvereinigung der kommunalen Spitzenverbände am 25. Oktober 1960

20 Aus einem Exposé über eine kommunale Finanzreform vom 31. Januar 1961

21 Veröffentlicht in „der städtetag", November 1961

22 Aus einem Vortrag in der Friedrich-Ebert-Stiftung am 3. November 1961 in Bergneustadt

23 Veröffentlicht in „der städtetag", September 1962

24 Aus einem Referat vor der Landeskonferenz der Kommunalpolitischen Vereinigung der CSU am 6. März 1965 in Aschaffenburg

25 Aus einer Entgegnung des Deutschen Städtetages im „Industriekurier" vom 16. Januar 1965

26 Aus einem Aufsatz in „Die Finanzreform und die Gemeinden", Schriftenreihe des Vereins für Kommunalwissenschaften, Band 14, Berlin 1966

27 Veröffentlicht in „der städtetag", Mai 1966

28 Veröffentlicht in „der städtetag", Januar 1968

29 Veröffentlicht in „der städtetag", Mai 1968

30 Veröffentlicht in „der städtetag", Juni 1968

31 Aus einem Sitzungsbericht zum 47. Deutschen Juristentag in Nürnberg vom 17. September 1968

32 Aus einem Vortrag vor dem Finanzausschuß in Wien am 28. Oktober 1969

33 Veröffentlicht im „Industriekurier", Wirtschaftspolitische Sonderausgabe vom 17. März 1970

34 Aus einem Referat beim 13. Cappenberger Gespräch am 11. Juni 1976 in Duisburg

35 Artikel zur beabsichtigten Beseitigung der Lohnsummensteuer durch die Bundesregierung im „Handelsblatt" vom 8. September 1978

36 Kommentar im „Eildienst" des Städtetages Nordrhein-Westfalen vom 17. September 1978

37 Veröffentlicht in „der städtetag", Dezember 1978

38 Aus einem Referat auf der Fachtagung „Gewerbesteuerreform" des Lorenz-von-Stein-Instituts der Universität Kiel am 25. November 1983

39 Veröffentlicht in „der städtetag", Juni 1984

40 Aufsatz in „der städtetag", Februar 1986

41 Veröffentlicht in „der städtetag", Juli 1960

42 Glosse in „der städtetag", Oktober 1960

212

213

63 Aus einem Referat beim Deutschen Sparkassentag am 9. Mai 1973 in Hamburg

64 Veröffentlicht in „der städtetag", April 1985, zum 100jährigen Bestehen des Deutschen Sparkassen- und Giroverbandes

65 Veröffentlicht in „der städtetag", Juni 1983

66 Aus „Bildschirmtext — kommunal", Neue Schriften des Deutschen Städtetages, Heft 50, Köln 1984

67 Veröffentlicht in „der städtetag", März 1984

68 Veröffentlicht in „der städtetag", März 1986